공감이 이끄는 조직

공감이 이끄는 조직

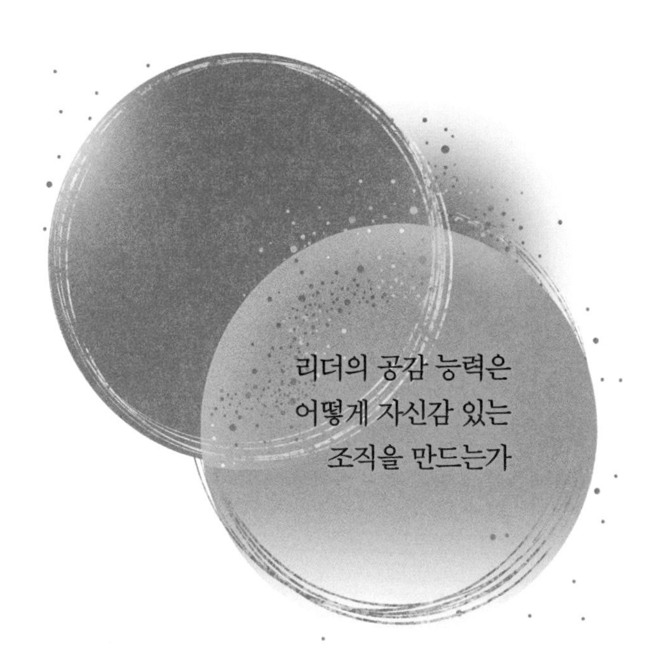

메건 댈러커미나
미셸 매퀘이드 지음
문수혜 옮김 · 오승민 감수

LEAD LIKE A WOMAN

다산북스

이 책에 쏟아진 찬사

조직의 사고방식 전환이 어떻게 가장 어려운 상황을 돌파해내는지 증명하는 책.

– **캐럴 드웩**, 『마인드셋』 저자

이 책은 기업에 여성적 리더십을 불어넣는 가장 완벽한 책이다. 여성을 남성화하는 대신, 여성이 날 때부터 지닌 본연의 힘을 있는 그대로 활용하는 방법을 담고 있다. 이 책을 선택한 모든 여성과 조직은 반드시 승리할 것이다.

– **실비아 앤 휴렛**, 재능혁신센터 회장

올바른 도구만 있다면 여성은 이 시대의 가장 뛰어난 지도자가 될 수 있다. 이 책은 바로 그 전략을 담고 있다.

– **도리 클라크**, 마셜골드스미스 선정 세계 1위 커뮤니케이션 코치, 『Reinventing You』 저자

이제 모든 남자가 여자처럼 일해야 한다. 이 책은 여성의 부드럽고 유연한 공감 능력을 통해 조직이 처한 최악의 상황을 지혜롭게 돌파하는 방법을 알려준다.

– **캐롤라인 애덤스 밀러**, 『어떻게 인생 목표를 이룰까』, 『끝까지 해내는 기술』 저자

현장과 괴리된 낡은 리더십 지식에 빠져 돌파구를 찾지 못한 조직이라면, 수많은 연구 결과와 생생한 경험으로 가득 찬 이 책을 통해 새로운 시대에 어울리는 지속 가능한 새 리더십을 탐구하기 바란다.

– **제인 더튼**, 미시간대학교 경영심리학과 교수

지금 당장 우리에게 새로운 조직 모델이 필요하다는 점에 이의를 제기하는 사람은 없을 것이다. 하지만 어느 누구도 그 대안에 대해서는 입도 뻥긋하지 않는다. 이 상황이 계속된다면 이 세상의 모든 기업과 조직은 거대한 비효율의 늪에 빠진 채 서서히 멸망할 것이다. 하지만 이 책의 두 저자 메건과 미셸은 다르다. 이 책은 여성의 리더십을 다루지만, 한편으로는 모든 조직을 아우르는 보편적 리더십도 다룬다. 이 책은 그동안 저평가되고 배제되어 온 여성의 권리를 말하지만, 한편으로는 지금까지 반쪽짜리 자원으로 위태롭게 생존해온 조직의 한계도 말한다. 외바퀴로 달리고 있는 수많은 '한계 조직'에 가장 확실한 처방전이 될 것이다.

– **댄 그레고리**, 불가능연구소 CEO

우리가 기다려온 책. 이 책의 두 저자 메건과 미셸은 여성 수천 명의 삶을 변화시켰다. 그 생생한 과정이 담긴 이 책은 조직 내에서 여성이 작동하는 방식에 대한 근본적인 패러다임을 전환시키고 있다. 이 땅의 모든 조직과 기업은 이 책이 제시하는 반박할 수 없는 연구 결과를 받아들여야 한다. 이제 모든 것이 바뀔 것이다.

– 앤절라 프리스틀리, 《Women's Agenda》 발행인

근대적 기업이 생겨난 이래 지난 100여 년간 유지되어온 여성적 리더십에 대한 몰이해와 편견을 뒤집어엎은 책. 나는 이 책이 새로운 시대를 여는 데 결정적 기여를 하리라 확신한다. 당신이 여성이거나, 여성을 부하로 둔 리더라면 반드시 읽기 바란다. 조직을 이끄는 리더 중 이 책을 읽지 않은 사람이 있다면 나는 그에게 결코 큰일을 맡기지 않을 것이다.

– 키런 플레너건, 불가능연구소 CCO

호주연방은행의 역사는 이 프로그램을 도입하기 전과 후로 나뉜다.

– **니콜 더바인**, 호주은행 GM

이 책의 저자는 세계에서 가장 뛰어난 조직 컨설턴트 중 한 명이다.

– **마틴 셀리그만**, 『긍정심리학』 저자

여성의 잠재력을 복원하고 극대화하는 유일한 프로그램.

– **나오미 울프**, 페미니스트 작가, 『무엇이 아름다움을 강요하는가』 저자

자신감과 용기를 얻으려는 여성이라면 반드시 읽어야 할 책.

– **마지 워렐**, 라이프코치, 『두려워도 앞으로 한 걸음』 저자

추천의 글

조직의 '다양성'을 확보하려는 모든 리더에게

이 책은 '여성적 리더십'에 대한 문제를 제기하고 해결책을 제시하는 책이 아니다. 질문을 던지는 책이다. '당신의 조직은 활용 가능한 모든 인재를 동원해 급변하는 시장에 유연하게 대처하고 있는가?' 마이크로소프트 싱가포르 및 동남아시아 신시장의 인사 업무를 총괄하던 시절, 나는 당시 마이크로소프트가 전 세계에 추진하던 '다양성 및 포용Diversity&Inclusion 정책'을 아시아 태평양 지역에 어떻게 적용할지에 관해 구체적인 계획을 세우고 의사 결정을 도맡는 '다양성 및 포용 정책 리더'를 겸임했다. 그 과정에서 나는 그동안 내가 성별 다양성Gender Diversity에 관해 얼마나 많은 편견에 사로잡혀 있었는지를 깨닫게 되었다.

마이크로소프트는 급변하는 세계 시장에 맞서 새로운 다양성 정책을 설계하고 있었다. 특히 아시아태평양 지역은 전 세계 시장 중에서도 성별 다양성이 매우 낮은 축에 속해 이를 극복하는 것이 최우선 과제였다. 해마다 조직 내 여성 및 여성 리더 비율을 1~1.5퍼센트씩 높이겠다는 목표를 세웠고, 아시아태평양 지역의 모든 리더와 HR 부서가 협력해 내부 인재 발굴과 외부 인재 영입에 총력을 기울였다. 이로써 마이크로소프트는 단기간에 목표를 초과 달성하고 여러 우수한 여성 리더 인재를 선점했다.

다양한 여건에 맞춰 누구나 손쉽게 따라 할 수 있도록 디자인된 이 책 덕분에 아시아태평양 지역의 다양한 계층의 리더들은 체계적인 멘토링을 이끌 수 있었다. 그 과정에서 모든 구성원은 편향된 성별 인식을 제거하는 데 큰 도움을 받았고, 리더들은 새로운 깨달음을 얻는 기회를 얻었다. 다음 해 이 프로그램은 성별에 관계없이 아시아태평양 전 지역의 공식 리더십 개발 프로그램으로 확대 운영되었다.

아무쪼록 이 책을 통해 남성적 조직 문화에 길들여져 있던 기존의 조직들이 편향된 사고 방식을 버리고 '다양성 역량'을 기초부터 재확립하기를 기대한다.

LG화학 조직문화/리더십 개발 담당 권혜진 상무

감수의 글

이제 '여성 리더 양성'이 조직의 생사를 결정할 것이다!

대다수의 조직원이 리더의 자리에 오르는 순간, '자신이 리더가 되기에 충분한 자격을 갖췄다'는 것을 검증받았다고 생각한다. 사내의 다양한 조직에서 일하는 리더들을 대상으로 수많은 교육과 코칭을 진행하면서 느낀 점이 하나 있다. 실제로 많은 리더가 자신의 객관적 성과 지표와는 관계없이 '자기가 바람직한 리더십을 수행하고 있다'고 믿고 있었다. 이러한 리더들의 '잘못된 자기 인식'을 뒷받침하는 흥미로운 연구 결과가 있다. 미국 리더십센터에서 중견 기업의 중간관리자급 이상 리더들을 대상으로 설문을 실시했는데, 이 중에서 90퍼센트 이상이 "나

는 구성원들에게 귀감이 되는 리더십을 가지고 있다"라고 응답했다. 정말 그 말이 사실일까?

경영학 이론에 '고르디 테스트Dr. Gordy Test'라는 것이 있다. 이 테스트의 질문은 간단하다.

1. 지금까지 몇 명의 상사와 일했습니까? 그들을 모두 떠올려보십시오.
2. 그들 중 다시 일하고 싶은 사람은 몇 명입니까?

즉, 일터에서 지금까지 만난 상사 중 다시 함께 일하고 싶은 상사의 비율이 어느 정도인지를 확인하는 테스트다. LG 사내 교육 프로그램에서 참석자들에게 이 테스트를 실시하면 평균적으로 20퍼센트 정도의 비율이 나온다. 함께 일한 상사 10명 중 고작 2명 정도가 괜찮았다는 뜻이다. 이와 유사한 다른 연구에서도 약 25퍼센트 정도의 비율이 나온다. 90퍼센트가 넘는 리더가 자신은 이미 훌륭한 리더십을 갖췄다고 생각하지만, 실제 구성원들은 정반대로 평가하고 있는 것이다.

흥미로운 것은, 여자 리더는 '스스로를 평가하는 것'과 '팀원이 평가하는 것'의 간극이 남자 리더보다 훨씬 더 적다는 사실이다. 연구 결과에 따르면 여자 리더들은 스스로의 리더십에 대해 부정적으로 생각하는 비율이 남자 리더에 비해 30퍼센트 이상 더 높았다.

사내에서 여성 팀원들과 업무 성과에 대해 이야기를 나눌 때 가끔 놀라곤 한다. 프로젝트가 잘 진행되지 않거나 기대했던 성과를 얻지 못해 자책하고 괴로움에 빠지는 일은 예사이고, 심지어 자괴감 때문에 더 이상 새로운 업무를 진행할 엄두가 나지 않는다고 고백한 사람도 많다. 그들은 조금의 거짓도 보태지 않고 자신의 실패를 인정하며, 자신감이 완전히 상실된 상태로 실패의 원인을 남이 아닌 자신의 능력 부족에서 찾는다.

이러한 모습은 조직의 지원이 부족해서 목표를 달성하지 못했다고 하거나, 예상하지 못한 변수 때문에 프로젝트를 성공시키지 못했다고 말하는 남성 팀원들과는 전혀 다른 반응이다. 갑작스러운 위기에 직면했을 때 남자는 창문 너머를 바라보고 여자는 거울만 바라보고 있는 것이다.

최근 《하버드비즈니스리뷰》에 게재되는 리더십 연구 보고서들을 찬찬히 살펴보면 유독 '공감Empathy'이라는 단어가 자주 등장한다. 그중 한 연구 결과에 따르면 리더의 다양한 소프트 스킬 중에서 '공감하는 능력'이 조직의 성과에 가장 결정적인 영향을 미친다고 한다. 동료의 뱃속까지 파고들어가 진심을 이해하고, 그들의 말에 경청할 수 있는 '편견 없는 리더'가 조직의 잠재력을 극대화할 수 있다는 연구 결과는 이미 다른 여러 보고서에서도 반복해서 등장하고 있다.

신영복 교수가 남긴 글 중에 「함께 맞는 비」라는 글이 있다. 누군가를 진정으로 돕는 것은 비가 올 때 우산을 건네주는 것이 아니라, 옆에서 함께 비를 맞는 것이라는 내용이 담긴 글이다. 함께 일하는 조직 구성원이 갑작스러운 문제에 봉착하거나 위기에 빠졌을 때 그 고통을 외면한 채 논리적 해결책만 제시하는 것이 지금까지의 '남성적 리더십'이었다면, 모든 것을 뒤로하고 궁지에 몰린 팀원의 마음을 진심으로 헤아리고 정서와 감정을 공유하는 것이 '여성적 리더십'의 본질이다.

2020년 1월 30일, 글로벌 IT 기업 IBM은 인도 출신 클라우드 전문가 아르빈드 크리슈나Arvind Krishna를 CEO로 선임했다. 며칠 뒤 공유오피스업체 위워크 역시 샌디프 매스라니Sandeep Mathrani를 새 CEO로 임명했다. 구글의 모회사인 알파벳을 포함해 펩시코와 마이크로소프트 역시 인도계 CEO가 조직을 이끌고 있다. 세계 경제를 지탱하는 이 초거대 글로벌 기업들은 왜 인도 출신 CEO를 조직의 수장으로 발탁했을까? 인도는 세계에서 가장 거대한 다민족·다문화·다언어 국가다. 중앙아시아 한복판에서 수천 년의 시간을 견디며 한가지로 규정할 수 없는 다채롭고 독특한 문화를 꽃피웠다. 이 풍성한 다양성의 물결 속에서 인도인들은 차이를 존중하고 타인을 배려하며 삶의 변수에 유연하게 대처하는 '공감' 능력을 자연스럽게 터득했다.

코로나19COVID-19가 세계를 휩쓴 2020년부터는 이른바 '뷰카

VUCA'가 모든 조직과 기업이 경험할 표준 환경이 될 것이다. 뷰카란 '변동성Volatility', '불확실성Uncertainty', '복잡성Complexity', '모호성Ambiguity'의 앞 글자를 따서 만든 약어로 '예측할 수 없고 수많은 변수가 얽혀 있는 사회 환경'을 뜻한다. 한 치 앞도 내다볼 수 없는 현 시대에는 철인처럼 강력한 리더의 카리스마와 독단적인 의사 결정만으로는 조직의 성장을 지속시킬 수 없다. 새로운 시대는 서로 다른 구성원의 의견과 이해를 통합해 문제를 해결하고, 끊임없이 변하는 시장의 다양성에 기민하게 대응할 수 있는 '공감하는 능력'을 요구하고 있다.

여성 리더십 육성 프로그램을 진행할 때 반드시 실시하는 테스트가 있다. 100가지가 넘는 성격 특성이 포함된 단어 리스트를 보여주고 '지금의 리더들이 발휘하고 있는 리더십 특성'을 세 가지 고르라고 한다. 그러면 참석자들은 주로 이런 단어들을 선택한다.

야망, 카리스마, 실행력, 저돌성…

이어서 '지금 당장 함께 일하고 싶은 리더의 리더십 특성'을 구체적으로 생각해보라고 말한 뒤 다시 성격 특성 리스트를 보여주면 이번에는 주로 이런 단어들을 선택한다.

공감, 협력, 배려, 경청…

이 100여 개의 성격 특성 목록을 남성적 리더십, 여성적 리더십, 중립적 리더십으로 분류해보면, 참석자들이 '함께 일하고 싶은 리더의 리더십 특성'으로 지목한 특성들은 대부분 여성적 리더십에 속한다. 매우 간단한 테스트이지만 이 작은 발견만으로도 프로그램 참석자들은 엄청난 자신감을 얻는다. 이는 아주 작은 사례에 불과하다. 조직원이 함께 일하고 싶은 리더로 여성적 리더십을 갖춘 리더를 원하고 있다는 사실은 이미 다른 연구 자료에서도 속속 밝혀지고 있다. 이 정도면 잠재적 리더인 직장인 여성들이 좀 더 자신감을 가져도 되지 않을까? 새로운 시대가 요구하는 리더십 자질을 여자가 남자보다 월등히 많이 갖춘 채 태어났다는 뜻이니까 말이다.

하지만 잘 생각해보면 '여성성'과 '남성성'은 근대 이후 인류가 인위적으로 구분한 불완전한 틀에 불과하다. 성별에 관계없이 누구나 어느 정도의 여성성을 지니고 있다. 심리학자 카를 구스타프 융Carl Gustav Jung은 남성의 무의식에 잠재된 여성성을 '아니마Anima'라고 불렀다. 남자들은 조직에서 성공하기 위해 철저하게 자신의 무의식 속 여성성을 숨기고 살았다. 반대로 여자들은 남성적인 문화에서 살아남기 위해 가면을 쓰고 망토를 두른 채 타고난 여성성을 숨기고 살아야 했다. 이 불행한 역사를 앞으로도 계속 반복하는 것이 옳은 일일까? 이제 남자들은 무의식 속 여성성을 적극적으로 개발하고, 여자들은 자신의 타고난 자질과 역량을 있는 그대로 표현하면서 세상에 맞서야 하지 않을까?

한국의 모든 조직은 직급이 올라갈수록 여성 리더의 비율이 급격하게 줄어든다. 대기업이나 제조업 분야 기업에서는 여성 인재 채용을 독려하기 위해 여성 입사자의 비율을 일정 수준 이상으로 유지하는 정책을 실시하고 있지만, 이 정책이 제대로 지켜지는 조직은 한 군데도 없다. 아무리 뛰어난 여성 리더라고 할지라도 모든 것이 남성화된 조직에서 자신의 능력을 온전히 발휘하며 살아남기란 쉽지 않다. 그 결과 국내 대기업 중 여성 임원 비율이 5퍼센트 이상인 기업은 손에 꼽을 정도로 찾아보기 힘들다.

이러한 지표가 뜻하는 것은 무엇일까? 우리는 남성 임원에 비해 여성 임원의 숫자가 현저히 적은 현상이 국내 조직들이 오랫동안 조직 내 다양성 관리에 실패하고 있는 결정적 증거라고 판단했다. 남성 중심의 조직 문화를 바꾸는 가장 쉬운 방법은 의도적으로 여성 리더의 비율을 높이는 것이다. 그러나 실제 현장에 가보면, 여성 인재를 핵심 보직에 임명하고 싶어도 '여성 인재 풀'이 워낙 부족한 탓에 마땅한 리더를 찾지 못해 난색을 표하는 사례가 태반이다. 왜 이런 문제가 발생하는 걸까?

첫째, 잘못된 고정관념 때문이다. '여자는 이런 업무를 제대로 수행할 수 없을 것'이라는 암묵적인 고정관념이 조직을 지배하고 있다. 둘째, 여성 인재를 육성하는 장기 로드맵이 전무하기 때문이다. 현재 국내에서는 수많은 중간관리자급 여성 인재를 임원급 여성으로 양성하는 '중장기 교육 계획'을 수립한 기업을 찾아보기 어렵다. 장차 이 수많은 팀장급 여성 인력이 조직의 최상층부에 올라서야만 할 순간이 도래했을 때, 과연 이 기업들은 한 번도 경험한 적 없는 이 새로운 '인재난'을 어떻게 극복할 수 있을까? 이것이 바로 LG화학이 수년 전부터 고민하던 21세기 인재 양성의 문제의식이고, 『공감이 이끄는 조직』이라는 여성 리더십 육성 프로그램을 도입하게 된 배경이다.

수요는 줄어들고 경쟁은 치열해지는 한계 성장 시대에 '여성 리더를 육성하는 일'은 기업이 살아남을 유일한 방안일지도 모른다. 불확실성이 지배할 미래에는 권위적이고 보수적인 '남성적 리더십'만 존재하는 조직은 살아남을 수 없다. 여성 인재들이 허들이나 천장에 가로막히지 않고 공감, 배려, 겸손, 융통성, 통찰력 등 타고난 강점을 활용해 조직 안에서 끊임없이 성장할 수 있다면 기업으로서는 새로운 성장 동력을 확보할 수 있을 것이며, 수직적이고 관료적인 남성 문화의 덫에 걸려 '그리드락 Gridlock'에 빠진 조직의 침체된 생산성을 다시 복원시킬 수 있을 것이다.

이 책은 직장인 여성이 조직의 리더가 되기 위해 갖춰야 할 역량과 기술을 습득하도록 돕는 과학적이고 현실적인 방법을 담고 있다. 우리가 알고 있는 기존의 전통적 리더십에 여성성을 억지로 끼워 맞춘 것이 아니라, 오로지 여성만이 달성할 수 있는 '제3의 리더십'을 다루는 국내 최초의 책이다. 성장의 정체기를 겪고 있는 여성이라면 자신감 넘치게 조직을 리드할 수 있는 방법을 배워갈 것이며, 그러한 여성 인재를 어떻게 발굴하고 양성할지 몰라 헤매고 있는 조직이라면 낡은 조직 문화를 다양성이 넘쳐나는 인재 양성의 '용광로Melting Pot'로 변모시키는 구체적 로드맵을 얻어갈 것이다. 또한 일터에서 수많은 여성과 함께 일하는 남성 리더들 역시 이러한 여성성에 기반을 둔 새로운 리더십을 조직 운영에 반영한다면 지금까지 보이지 않던 새로운 성장 가능성을 찾아낼 수 있을 것이다.

LG화학 조직문화개발팀 오승민 팀장

모든 리더에게 부치는 편지

지금 당장 '남자 되기'를 폐기하라

"지금까지 모든 기업이 '남성적 리더십'을 가르쳐왔습니다. 여자인 당신은 지금도 남자 리더처럼 되는 법을 배우고 있을 것입니다. 여기에 문제가 있다고 생각하지 않나요? 대체 왜 그래야 하죠? 이 모든 것을 무시하십시오. 있는 그대로의 자신을 드러냈을 때 어떤 강력한 시너지가 발휘될지 상상해보십시오. 그것이 21세기 이후 조직과 개인이 살아남을 유일한 리더십의 미래입니다."

TED 강연 조회 수 역대 2위를 기록한 연설가이자 『나는 왜 이 일을 하는가?』를 쓴 베스트셀러 작가 사이먼 사이넥Simon

Sinek은 앞으로 다가올 새로운 리더십을 "있는 그대로의 자신이 되어라"라는 문장으로 정의했다. 이게 무슨 뜻일까?

우리 두 저자는 지난 수십 년간 여러 다국적 조직의 임원으로, 연구자로, 컨설턴트로 활동해왔다. 《포천》이 선정한 글로벌 500대 기업을 대상으로 한 리더십 개발 프로그램 '여자처럼 리드하라LEAD LIKE A WOMAN'(이하 'LLAW')를 설계했으며 전 세계 수많은 조직에 컨설팅을 제공했다. 그 과정에서 여성이 자신의 여성성을 드러내기를 간절히 원하지만 남성에 의해, 남성을 위해 만들어진 세상에서 살아남으려고 '남성성'이라는 망토를 몸에 두른 채 자신을 죽이는 모습을 숱하게 목격해왔다. 그들 중 대다수는 스스로를 너무 몰아붙이다가 한때 꿈꿨던 삶을 모두 잃어버리거나, 낡은 시스템에 자신을 맞춰야 하는 현실에 넌더리를 내고 일에서 도망쳐버렸다.

현실 세계의 거의 모든 조직이 오직 여자만이 이뤄낼 수 있는 특별한 가치를 철저히 외면하고 있다. 여자가 자신의 능력을 발휘해 성과를 낼 기회조차 주지 않고 있다. 이것이 과연 여자에게만 좋지 않은 영향을 미칠까? 성장 한계에 몰린 비즈니스 조직이 안고 있는 가장 큰 어려움은, 구성원들을 최고의 인재로 길러내는 문화를 더 이상 조성할 수 없다는 사실이다. 중간관리자급 임원을 고위 관리직으로 길러내지 못한 채, 아직 제대로 성장하지 못한 내부 인원을 무리해서 승진시키거나 막대한 비용을 투입해 외부 인재를 영입한다. 하지만 그로 인한 리스크는 모두 조직이 떠안아야 한다. 여성 구성원과 남성 구성원 사이에 발생하는 갈등 역시 점차 심각해지고 있다. 서로를 이해하지 못한 채 고립된 구성원들이 제대로 된 성과를 낼 리 없다. 제대로 된 돌파구를 찾지 못한 CEO들은 자신의 무능에 좌절하며 끊임없이 새로운 프로젝트를 추진하지만 번번이 실패한다. 다변화하는 시장 상황에 맞서 결연히 분투해야 하지만 여전히 편향된 젠더 의식에 꽉 막혀 한 손은 주머니에 넣고서 나머지 한 손만으로 칼을 휘두르며 천천히 무너져 내리고 있다.

비참하기는 남성 또한 마찬가지다. '부양하는 자'라는 젠더 역할에 순응해야만 하는 현실에 질린 남자들은 지금까지 이어져 내려오는 '성공 모델'에도 신물이 나 있다. 이 성공 모델은 남자들에게 이렇게 강요한다.

'늘 스스로를 통제하고 억압하라. 그리고 언제나 돌진할 수 있도록 준비하라. 그 어떤 감정도 보여선 안 되고, 전사처럼 선두에 나서야 한다. 남자답게 행동하라!'

이 세상은 대체 왜 이토록 거대한 비효율을 감수하면서까지 낡아빠진 '남성적 리더십'만을 신봉하는 것일까? 왜 조직의 모든 구성원에게 '남자 되기'를 강요하며 내부 역량의 절반만 활용하는 데 그치는 것일까?

이러한 현실에 머물러 있을 필요는 없다. 우리는 그간 수많은 LLAW 워크숍을 주최하고 기업에 적용하며 '세상을 다르게 살아가는 방법'이 있다는 사실을 깨달았다. 그리고 여성 인재의 가능성을 기존 남성 중심의 조직 문화와 결합시키는 방법을 체계화했다. 우리는 지난 10여 년간 판에 박힌 업무에만 매달려 있던 여자들이, 리더가 되기를 갈망하지만 정확한 방법을 몰라 허둥댔던 여자들이, 내면의 자신감과 강점을 찾지 못해 우왕좌왕하던 여자들이 변화하는 모습을 지켜봤다. 또한 우리는 여자 리더에게 좀 더 많은 기회를 부여함으로써 조직이 혁신하고 성장하는 것도 목격했다. 반대로 남자 리더들 역시 우리가 소개한 '여성적 리더십'의 진정한 가치를 받아들임으로써 균형을 유지하고 조직을 지혜롭게 운영하게 되었다.

여성성과 남성성이 공존하는 '공감이 이끄는 조직'에선 모든 구성원이 자신감을 갖고 당당하게 일한다. 당신이 이끄는 조직의 구성원들은 남성적 권위주의에 갇혀 말하기를 두려워하고 행동하기를 주저하지는 않는가? 보이지 않는 벽에 가로막혀 단절되고 고립되어 있지는 않는가?

조직의 역량은 무엇이든 말할 수 있고 무엇이든 경청해줄 수 있는 '내부 문화'가 좌우한다. 그리고 이 문화 수준은 리더의 '공감 능력'이 결정하며, 그 공감 능력은 그간 등한시되었던 여성의 부드럽고 유연하고 포용하는 리더십과 연결된다.

우리는 이 책에서 여성의 공감하는 힘을 통해 조직이 어떻게

'자신감 넘치는 조직'으로 거듭나는지를 설명할 것이다. 세계적인 팬데믹 이후 급변할 뉴노멀(New Normal, 시대가 변화하며 일상과 사회에 스며드는 완전히 새로운 질서 또는 기준-옮긴이) 시대를 무사히 건너려면 어떤 상황에서도 기민하게 대처할 풍부한 '다양성'을 갖춰야 한다. 조직 내에서 이미 왕성하게 활약하는 여성 리더들을 통해 성장 한계에 내몰린 조직의 발전 가능성을 다각화해야 한다.

이 책에서 우리는 여자들이 자신을 드러내는 데 주저하지 않으면서, 공감이나 직감 등 특유의 능력을 활용해 직장에서 성과를 내고 리더로 성장하는 과학적인 방법을 자세히 설명할 것이다. 자, 혁명의 때가 왔다. 당신과 당신의 조직은 이 혁명에 동참할 준비가 되었는가?

차 례

2부
새로운 리더십은 어떻게 탄생하는가

3부
이 모든 것을 어떻게 지속할 것인가

LEAD LIKE A WOMAN 프로그램 요약도

단계	1단계 (2장) [진정성] 거짓에서 벗어나기	2단계 (3장) [자신감] 생각을 행동으로 바꾸기
공부할 기술	젠더 사고방식 GENDER MINDSETS 강점 탐구 APPRECIATIVE INQUIRY 긍정심리학 POSITIVE PSYCHOLOGY 취약성 VULNERABILITY	프레즌스 PRESENCE 자기 연민 SELF-COMPASSION 성장형 사고방식 GROWTH MINDSET 파워 자세 POWER POSE
관련 전문가	존 거제마 JOHN GERZEMA 마이클 단토니오 MICHAEL D'ANTONIO 마틴 셀리그만 MARTIN SELIGMAN 브레네 브라운 BRENE BROWN	에이미 커디 AMY CUDDY 캐럴 드웩 CAROL DWECK 크리스틴 네프 KRISTEN NEFF VIA 연구소 VIA INSTITUTE

3단계 (4장) [확장] 나의 가치를 세상에 연결하기	4단계 (5장) [반복] 늘 기대 이상으로 해내기
비전 **VISION** 선한 무례함 **GOOD IRREVERENCE** 멘토 / 후원자 **MENTOS / SPONSORS** 네트워크 **NETWORKS**	목표 계층 **GOAL STRATUM** 스트레스 관리 **STRESS MANAGEMENT** 루틴 **ROUTINE** 경계 **BOUNDARIES**
윌리엄 아루다 **WILLIUM ARRUDA** 세스 고딘 **SETH GODIN** 실비아 앤 휴렛 **SYLVIA ANN HEWLETT** 애덤 그랜트 **ADAM GRANT**	앤절라 더크워스 **ANGELA DUCKWORTH** 앤더스 에릭슨 **ANDERS ERICSSON** 켈리 맥고니걸 **KELLY MCGONIGAL** 차드 멍 탄 **CHADE-MENG TAN**

1부

새로운 리더십은
어떻게 난파된 조직을
구출하는가

1장

선점

여성을 성과의 중심에 배치하기

1장을 시작하며

감수의 글

여성 구성원을 성과의 한복판에 배치시킨다는 말이 무엇을 의미하는 걸까요? 이 책에서 저자들이 지향하는 것은 여자가 더 편하게 일할 수 있는 환경을 만들자는 것이 아닙니다. 여성들이 좀 더 큰 권리를 누려야 한다고 주장하는 것도 아닙니다. 여성의 권익 향상과 권리 회복을 위한 젠더 논쟁 역시 중요한 일이겠지만, 지금 당장 우리가 집중해야 할 영역은 실무 현장에서 자꾸만 소외되고 배제되고 있는 여성 인재를 어떻게 리더로 양성할 것인지, 그리고 그러한 여성 리더를 어떻게 조직의 새로운 역량으로 전환할 것인지에 대한 구체적인 로드맵을 개발하는 일입니다.

어느 연구에 따르면 대다수의 조직이 어떤 새로운 프로젝트를 추진할 때 과거의 잘못된 점과 미비점을 개선하는 데 전체 시간과 비용의 80퍼센트 이상을 투입한다고 합니다. 달리 말하면 조직과 팀이 지닌 강점을 개발하는 데는 고작 20퍼센트의 역량만 사용하고 있다는 뜻이지요. 남들보다 월등히 뛰어난 강점은 방치한 채 자신의 약점만 개선하려는 전략이 치열한 비즈니스 세계에서 과연 얼마나 경쟁력을 발휘할까요?

그럼에도 불구하고 여전히 수많은 기업이 조직 내부에 성별 갈등으로 인한 손실이 발생했을 때 과감하고 적극적으로 '성별 다양성'을 받아들여 새로운 성장 동력을 육성할 생각은 하지 않고, 단일 사안에 대해 폐쇄적인 대책 위원회 등을 구성해 일회적으로 문제를 봉합하는 데에만 급급하고 있습니다. 그러나 문제를 해결하는 것은 정답이 아닙니다. 문제 해결을 넘어 지금까지와는 전혀 다른 새로운 대안을 찾아 '맞춤형 전략'을 마련하고 구사해야 합니다. 이것이 조직을 성장시키는 가장 확실한 방법입니다.

지금부터라도 조직의 리더들이 여성 구성원들이 가지고 있는 그들만의 잠재력을 점화시키는 데 주력한다면 조직에 어떤 변화가 찾아올까요? 각 사업부의 여성들이 자신이 지닌 '긍정의 핵심Positive Core'을 찾는 데 몰두한다면 향후 수년 안에 그들은 얼마나 높은 곳까지 도약할 수 있을까요? 이들이 이끌 21세기의 새로운 조직은 얼마나 큰 성과를 일궈낼까요?

저자들은 아직 변화에 나서지 않고 있는 조직과 리더를 향해 '스스로 한쪽 날개를 꺾은 채 날고 있는 새'라고 강력하게 경고합니다. 그러면서 지금부터라도 조직이 보유한 내부 인재 역량 중에서 아직 작동하지 않는 수많은 가능성의 버튼을 켜기 위해 '다양성 전략'을 도입하라고 조언합니다.

우리는 왜 조직의 역량을 절반밖에 활용하지 못하는가

지금까지의 '여성적 리더십'

우리의 리더십 개발 프로그램을 설명하기에 앞서, 지금까지 거의 모든 기업이 왜 여성 인재 발굴에 철저히 실패해왔는지, 그리고 왜 여전히 절대 다수의 조직이 '남성만 존재하는 기업'으로 스스로를 도태시켰는지 살펴봐야 한다. 그리고 이 책을 읽는 당신이 남자든 여자든, 관리자든 직원이든 이제는 지금까지의 리더십이 더 이상 우리 앞에 놓인 문제를 해결할 수 없다는 사실을 깨달아야 한다.

여성은 이미 조직 안에서 매우 중요한 성과를 창출하고 있다. 남성적 리더십이 보여주지 못한 유연하고 부드럽고 담대한 리더십을 통해 새로운 리더십의 가능성을 증명하고 있다. 말랄라 유사프자이Malala Yousafzai는 최연소 노벨 평화상 수상자로 선정되었다. 힐러리 클린턴Hillary Clinton은 미국 대통령 후보 경선의 토대를 바꿨다. 인드라 누이Indra Nooyi와 버지니아 로메티Virginia Rometty는 각각 펩시코와 IBM에서 최초의 여성 CEO가 되었다. 셰릴 샌드버그Sheryl Sandberg는 '린인Lean In 운동'을 통해 여성, 일, 리더십에 대한 세계적 담론에 변화를 일으키고 있다. 아리아나 허핑턴Arianna Huffington은 미디어 산업의 구조를 재편했다.

매킨지글로벌연구소McKinsey Global Institute는 세계의 모든 기업에서 남자와 여자의 평등한 참여가 이뤄지면 2025년까지 세계 GDP가 12~28조 달러 이상 증가할 것이라고 전망했다.[1] 이 숫자는 미국과 중국의 경제 규모를 합한 수준이다.

중요한 신사업에 여성의 참여가 확대될수록 훨씬 더 높은 수익을 창출한다는 연구 보고서가 넘쳐난다.[2] 성별 다양성과 기업 수익의 연관성을 조사한 리서치 기업 카탈리스트의 2013년 보고서[3]에 따르면 여성 임원이 더 많은 기업이 자기자본율(53퍼센트 이상), 매출수익률(42퍼센트 이상), 투하자본순이익률(66퍼센트 이상) 등 여러 재무 수치에서 여성 임원이 더 적은 기업을 능가하는 것으로 나타났다.

그럼에도 여전히 많은 기업이 남자와 여자에게 동등한 기회를 주는 것을 주저하고 있다. 심지어 수년간 양성 평등을 의제로 삼아 천문학적 비용을 투입해 연구를 진행하고 있는 기업 매킨지마저도 2015년 신입 직원 중 여성 직원의 비율은 39퍼센트에 불과했다.[4] 고위 임원 중 여성의 비율은 11퍼센트이며 30명의 주주협의회 회원 중 여성 회원은 단 4명뿐이다. 매킨지처럼 젠더 이슈에 기민하게 반응하는 기업조차 이렇다면 다른 조직의 수준은 어느 정도일까.

숫자는 거짓말을 하지 않는다. 지난 10년간 여자와 남자의 평등을 달성하기 위해 꾸준히 노력해왔지만 그 결과는 처참하기 짝이 없다. 2016년 기준 전 세계 정부 장관직의 82.3퍼센트가 남성이다. 여성이 소유한 자산 규모는 미국 S&P500 지수의 4퍼센트, 호주 ASX200 지수의 15.4퍼센트, 영국 FTSE100 지수의 겨우 7퍼센트에 불과하다. 실제로 《가디언》이 발표한 연구 보고서에 따르면 영국 기업을 이끄는 여성의 수보다 '존John'이라는 이름을 가진 남성의 수가 더 많다. 물론 이 통계는 영국뿐만 아니라 미국과 중국에서도 비슷하다.[5]

따라서 비욘세가 "누가 세상을 이끄는가? 여자들!"이라고 노래하고, 『남자의 종말』이나 『남자가 있어야 하는가?Are Men Necessary?』 등의 책들이 버젓이 출판되고 있지만, 우리 주변의 권력을 가진 사람들을 둘러보면 그런 시대가 도래하기엔 아직 멀었다는 사실을 깨닫게 된다. 그러니 착각하면 안 된다. 우리가 게임에서 이기고 있을까? 전쟁이 끝났을까? 마침내 다른 목표를 향해 나아가도 될 정도로 상황이 나아졌을까? 모두 착각이다. 이 거대한 오해에 빠지지 않는 것이 대단히 중요하다. 모두 아직 이뤄지지 않았기 때문이다.

세상은 여자에게 큰 기대를 하지 않는다

매년 흥미로운 미래 전망을 내놓는 매킨지글로벌연구소는 3만 명 이상의 직원을 대상으로 지난 수년간 '직장 내 여성 연구'를 진행했다.[6] 이 연구 결과는 "여성을 저지하는 것은 무엇인가?"라는 제목을 붙인 기사로《월스트리트저널》에 소개됐으며,《엘르매거진》역시 "최신 데이터가 알려주는 당신이 승진할 수 없는 이유"라는 제목의 특집 기사로 크게 다뤘다.

매킨지글로벌연구소는 홈페이지에 연구를 통해 발견된 여성 리더들이 겪고 있는 구조적 한계점을 다음과 같이 요약했다.

- 여성은 지위고하를 막론하고 남성에 비해 최고경영자가 되기 위한 노력을 덜 한다.
- 여성은 주위의 편향된 젠더 관념으로 인해 언제나 불공평한 경

쟁에 내몰린다.

- 대다수의 직원은 성별 다양성이 리더십의 우선순위라고 생각하지 않는다.
- 고정된 젠더 관념을 개선하는 사내 프로그램은 넘쳐나지만, 대다수의 여성 직원은 그런 프로그램에 참여하면 불이익을 받지 않을까 두려워한다.
- 가정에서 여성과 남성이 육아와 가사 노동을 담당하는 비중은 여전히 불균형하다.
- 대다수의 여성은 협소한 여성 간 네트워크에 파묻혀 있기 때문에 다른 연결 공간으로 확장될 기회를 스스로 차단하고 있다.

매킨지글로벌연구소뿐만이 아니다. '임원다운 존재감(EP, Executive Presence)'이라는 개념을 주창한 세계적인 경제학자이자 조직행동 분야의 구루인 실비아 앤 휴렛Sylvia Ann Hewlett은 재능혁신센터The Center for Talent and Innovation라는 싱크탱크를 만들어 젠더·세대·지정학·문화 등을 넘나드는 광범위한 연구를 진행하고 있다.[7] 이들은 여성들이 영향력 있는 직업을 얻기 위해 '배고픈 커리어'를 시작하지만, 35~50세가 되면 영향력 있는 지위에 오르는 과정에서 감내해야 할 부담과 희생이 혜택보다 훨씬 더 크다는 사실을 인식하고 절망하게 된다고 설명한다. 이들의 연구 결과는 "여자들은 영향력이 무엇을 제공하는지 오해하고 있다"

라는 제목으로《로이터통신》에 보도됐다.[8]

카탈리스트는《포천》이 선정한 세계 1000대 기업 CEO와 부사장급 이상 여성 임원들을 대상으로 이들이 기업 내 최고 리더 자리에 오를 때 겪었던 어려움에 대해 조사한 뒤 다음과 같이 결론을 내렸다.

"경영자로 올라서는 최상위층 승계 경험의 부재가 여성 리더의 성장을 가로막고 있다."[9]

《하버드비즈니스리뷰》는 즉시 이런 기사를 내보냈다.

"지금의 기업 구조는 여성들이 최고위 직책을 맡기 위해 가장 필요한 자격인 '손익 계산 경험'을 할 수 있도록 보장하지 못하고 있다. 이는 지난 30년간 초국적 글로벌 기업을 경영해온 남성 리더들의 분명한 실패다."

세계의 트렌드를 종합해 전달하는 초당적 연구 집단 퓨리서치센터Pew Research Center의 연구도 있다. 이들은 정부와 기업 등 거의 모든 조직이 늘 '여성 리더 기근'에 시달리는 이유로 "리더가 될 만한 중간관리자급 여자들이 자신의 능력을 증명하기 위해 치러야 할 대가가 너무 가혹하기 때문"이라고 진단했다.[10] 그들은 늘 남성 동료보다 더 많은 일을 해야 하며, 더 많은 것을 희생해야 한다는 것이다.《이코노미스트》는 퓨리서치센터의 연구 결과를 인용하며 이렇게 보도했다.

"세상은 여자가 남자의 일을 해낼 수 있다고 전혀 기대하지 않는다."[11]

여자와 남자를 바라보는 편향된 시각을 증명하는 비슷한 연구 결과는 수없이 찾아낼 수 있다. 《뉴욕타임스》는 무의식적 편향 때문에 여성들이 고용, 보상, 성과, 평가, 승진의 기회에서 불리한 위치에 놓여 있다고 말한다.[12] 세계경제포럼Davos Forum은 여성들이 기업 내 인재 파이프라인의 모든 영역에서 완전히 배제되고 있다고 진단한다. 《가디언》은 배우고 따를 수 있는 성공적인 여성 리더가 존재하지 않기 때문에 수많은 여성이 직장에서 방향을 찾지 못한 채 고독하게 지내고 있다고 설명한다.[13] 런던에서 발행되는 《타임스》는 엘리트 전문직 여성들이 오히려 같은 성별의 여성을 견제한다고 폭로한다.[14]

'문제 해결'은 답이 아니다

이러한 편향을 극복하려는 노력이 아주 없는 것은 아니다. 대다수의 기업에서는 고정관념을 없애기 위해 전 직원에게 '무의식 편향 극복 훈련'을 진행하고 있다. 고정된 편향으로 인해 자신이 겪은 불이익을 복기함으로써 성차별이 얼마나 부정적인 영향을 미치는지 깨닫게 하기 위함이다.

하지만 『무엇이 효과적인가What Works』의 저자이자 하버드대학교 공공정책전문대학원 교수 아이리스 보넷Iris Bohnet은 성인기까지 고착된 '편향'을 완전히 없애는 것은 사실상 불가능한 일이라고 못 박으며, 이는 엄청난 사회적 비용이 드는 일이라고 지적한다.[15] 그의 연구팀은 최근《월스트리트저널》기사를 통해 다음과 같은 연구 결과를 발표했다.

> 성별 다양성을 강화하는 훈련 프로그램은 제한적 성공을 거두었다. 하지만 개인의 노력만으로는 종종 백래시(Backlash, 급격한 사회적 변화에 반발해 나타나는 반대 세력의 저항 심리와 행동-옮긴이)가 일어난다. 수많은 기업과 정부 조직, 비영리 단체가 자신들의 프로그램이 산으로 가는지도 모르면서 매년 수십억 달러를 다양성 교육에 투입하고 있다. 이들 중 약 1000건을 심층 검토한 결과 90퍼센트 이상의 프로그램이 엄밀한 테스트를 거치지도 않은 채 형식적으로 진행되고 있는 것으로 밝혀졌다. 나머지 소수의 프로그램은 과학적인 테스트를 거쳤으나, 프린스턴대학교의 엘리자베스 리바이 팰럭(Elizabeth Levy Paluck)과 예일대학교의 도널드 P. 그린(Donald P. Green)이 2009년『연간임상심리학연구Annual Review of Psychology』에 발표한 보고서에 따르면 구체적인 실효는 알려지지 않은 상태다. 최근 수십 년간 여러 조직에서 성별 다양성 회복을 위해 투입된 시간과 돈이 낭비되었을 가능성을 무시하기 어렵다.

혹자는 여성의 사회 참여와 권익 보호를 위한 강력한 제도로 '쿼터제'를 언급할지도 모른다.[16] 아마 쿼터제는 성별 다양성을 논하는 자리에서 가장 뜨거운 주제 중 하나일 것이다. 이미 북유럽의 여러 국가가 법적 효력을 지닌 쿼터제를 시행하고 있다. 노르웨이는 2003년부터 이사회 내 여성 비율을 40퍼센트로 의무화했다. 이는 세계 최초의 도전이었다. 뒤이어 캐나다와 벨기에는 여성 비율을 50퍼센트로, 프랑스와 스페인, 핀란드, 아이슬란드는 40퍼센트로 의무화했다. 독일, 네덜란드, 이탈리아, 말레이시아는 쿼터 비율을 30퍼센트로 정했다. 브라질과 케냐는 국영 기업에 한해 각각 40퍼센트와 30퍼센트를 쿼터 비율로 정했으며, 인도는 모든 국영 기업이 최소 1인 이상의 여성 이사를 임명하도록 법으로 규정했다.

호주는 아직 쿼터제를 도입하진 않았지만 '정보 공개', '원칙 준수', '예외 공시' 등의 제도를 통해 해당 조직이 성별 다양성 추구를 위해 얼마나 노력하는지를 수시로 공개하도록 규제한다. 쿼터제를 도입하지 않은 미국 역시 점점 많은 수의 대기업이 계열사의 여성 임원 고용 현황을 인센티브와 연결해 꾸준히 여성 인력 배치를 확대하고 있다.

그렇다면 이러한 쿼터제가 조직 내 성별 불균형의 온갖 폐해를 극복할 만능 열쇠일까? 쿼터제가 장기적 변화에 영향을 미칠지에 대해선 아직 확실하지 않다. 아니, 오히려 회의적인 견해가 좀 더 크다. 그리고 안타깝게도 자신들이 설정한 쿼터제 비율을 달성한 국가는 아직 한 곳도 없다. 향후 수년 안에 이 국가들이 쿼터제 비율을 달성할 확률은 매우 희박하다(영국은 공식적으로는 쿼터제를 폐지했으나 기업 등 모든 조직에 자발적으로 쿼터제 목표를 설정해 추진할 것을 지시했다.[17] 영국 기업들의 이사회 내 여성 비율은 2011년 12.5퍼센트에서 2015년 22.8퍼센트로 증가했다).

독일 의회가 쿼터제 도입에 동의했을 때 앙겔라 메르켈Angela Merkel 총리는 의회 연설에서 "이 법안은 직장 내 문화를 근본적으로 변화시킬 것입니다"라고 천명했다.[18] 하지만 비슷한 시기에 《포천》에는 이런 기사가 올라왔다.

> 노르웨이에서는 쿼터제를 강제하는 법안이 약 500개 기업에 적용될 예정이었다. 그러나 법안이 발효될 무렵 해당 기업 중 약 100개 기업은 법이 더 이상 자사에 적용되지 않도록 기업 소유 구조를 재빨리 바꿨다. 미국 시카고대학교 경영대학원 교수이자 노르웨이 법률을 광범위하게 연구해온 마리안 베르트랑(Marianne Bertrand) 교수는 노르웨이 기업들이 법률을 피하려고 소유 구조를 바꿨다는 것을 보여주는 명백한 증거는 없다고 말했다. 하지만 명백히 그렇게 보인다.[19]

목표 설정이 인간의 행동에 미치는 영향을 연구해온 심리학

자 맥스 베이저만Max Bazerman 하버드대학 교수는《월스트리트저널》에서 다음과 같이 설명했다.[20]

"일단 목표가 주어지면 인간의 무의식은 그 목표의 달성을 가로막는 '역기능적인 일'에 착수한다. 처리해야 할 일을 다이어리에 더 많이 적을수록 그 일을 처리할 확률이 더 줄어드는 것과 같은 원리다."

수많은 연구 결과 '쿼터제'는 잘못된 행동과 선택을 부추기는 것으로 밝혀졌다. 심지어 제도의 직접적 수혜자인 여성조차도 쿼터제가 자신들을 비민주적이고 차별적인 시선에 노출시킨다며 비난한다. 그 반대편에서는 남성들이 쿼터제 때문에 불이익을 받는다면서 씩씩댄다.

쿼터제 옹호론자들은 더 많은 여성이 임원이 될수록 조직의 인재 파이프라인에 다른 여성 동료를 끌어당겨 주는 낙수효과를 얻을 수 있으리라 기대했지만 안타깝게도 현실은 전혀 달랐다. 선한 의도와 진정성 있는 노력에도 불구하고, 셰릴 샌드버그가 최근《월스트리트저널》에 소개한 진실은 이렇다.

> 현재 전 세계 글로벌 기업을 이끄는 최고위 경영진의 인식은 양성평등이라는 가치에서 100년 이상 떨어져 있다. 만약 나사NASA가 오늘 우주로 여성 한 명을 보냈다면, 그가 화성과 명왕성을 거쳐 지구로 복귀하는 우주여행을 열 번도 넘게 할 때까지 지구에서는 여

전히 여성이 조직 내 고위 경영진의 절반 이상을 차지하지 못할 것이다. 이게 현실이다. 우리는 이토록 멀리 떨어져 있다.[21]

실패를 공부하면 실패하고
성공을 공부하면 성공한다

3억 3000만 건 vs. 1억 6800만 건

도대체 어디서부터 잘못된 걸까? 이 끔찍한 격차와 그로 인한 더 끔찍한 손해를 세상의 모든 조직은 감수할 수밖에 없는 걸까? 꼭 그래야만 할까?

우리는 케이스웨스턴리저브대학교 경영대학원 조직행동학과 학과장 데이비드 쿠퍼라이더David Cooperrider 교수가 던진 거대한 화두에서 해결책을 찾아야 한다고 믿는다.[22]

"변화는 우리가 묻는 첫 번째 질문에서 시작된다."

인간의 두뇌는 늘 문제점을 발견하고 이를 개선하도록 발달되어 왔다. 이는 대단히 자연스러운 진화의 산물이다. 쿠퍼라이더 교수는 이를 '부정적 편향Negativity Bias'이라고 부른다. 부정적 편향은 인간이 어떤 변화를 위해 노력할 때 문제점과 그 문제점의 근본 원인을 파악하는 데만 초점을 맞추도록 조종한다. 쿠퍼라이더 교수의 질문을 다시 빌리자면 이렇게 표현할 수 있다.

"우리의 첫 번째 질문은 늘 문제점을 해결하는 데서 출발한다."

우리는 어떤 문제가 발생하면 늘 이런 질문들만 떠올린다.

'무엇이 작동하지 않고 있는가?'

'무엇이 우리를 가로막고 있는가?'

'왜 목표를 달성하지 못하는가?'

이런 접근법은 조직의 시스템이 고쳐야 할 약점을 더 깊이 이해하는 데는 큰 도움을 주지만, 정작 우리가 구축해야 할 강점이 무엇인지에 대해서는 아무런 도움을 주지 못한다. 게다가 쿠퍼라이더 교수 연구팀의 연구 결과에 따르면 약점을 강점으로 변화시키는 조직의 대규모 프로젝트 중 70~80퍼센트가 실패로 막을 내린다. 애써 약점을 찾아내 해결해봤자 그 약점이 강점이 될 확률은 고작 20~30퍼센트에 불과하다는 뜻이다.

다시 생각해보자. 조직 내 성별 격차와 불균형의 근본 원인은 무엇일까? 왜 이 '문제'는 해결되지 않고 답보 상태에 머물러 있는가? 우리는 그 이유가 현재의 모든 조직 내 양성 평등 전략이 자꾸만 여성이 시달리고 내쫓기고 무시되고 차별당하는 사례에만 갇혀 있기 때문이라고 생각한다. 그 결과 우리는 직장에서 성공적으로 커리어를 쌓고 성과를 내고 있는 여성들의 지식과 정보를, 그리고 그러한 '성공 사례'를 어떻게 재생산할 수 있는지 배울 수 있는 중요한 기회를 놓치고 있다.

이를 직관적으로 묘사한 흥미로운 실험을 보여주겠다. 구글에서 기업과 조직에서 여성이 활약하는 데 장애물이 무엇인지 검색하면 약 3억 3000만 개 이상의 결과가 나오지만, 반대로 여성의 성공을 도와주는 것이 무엇인지 검색하면 약 1억 6800만 개에 불과한 검색 결과가 나온다. 왜 우리는 늘 성공이 아닌 실패에만 집착할까? 변화와 혁신을 이루려면 실패 사례가 아닌 성공 사례에 좀 더 집중해야 하지 않을까? 그리고 성공 사례는 열심히 찾기만 한다면 어디서든 찾아낼 수 있다. 여성 리더가 제대로 활약하고, 나아가 조직에 실질적인 이익을 가져다주려면 이 숫자를 뒤집어야 한다.

캐나다는 의회 내각 구성원의 성비를 동등하게 설정했고,[23] 최근 세계경제포럼에 참석한 초거대 기업들은 급진적인 변화를 이루기 위해 자사의 '성별 인력 다양성 수치'를 공개하기로 결정했다.[24] 호주에서 엘리자베스 브로더릭Elizabeth Broderick 전 성차별위원회 위원장이 이끄는 '변화를 지지하는 남성 모임 이니셔티브'[25]는 이미 수십 개국에 진출해 새로운 성별 다양성 담론을 생산 중이고, 국제연합UN은 페미니즘을 지지하는 남성 연대 '히포쉬HeforShe'를 공식적으로 발족시켜 캠페인을 펼치고 있다. 비범한 일을 하고 있는 여성 리더들은 어디에나 있다. 우리가 눈을 크게 뜨고 집중해서 찾기만 한다면 변화의 가능성은 무궁무진하다.

우리가 순진할 정도로 낙관적이라고 생각하는가? 물론 여전히 불안한 마음을 버리지 못했다는 것을 이해한다. 우리도 수년 전까지는 그런 의심을 품었다. 본격적으로 '강점'을 탐구하기 전까지는 말이다. 여성들은 어쩌면 이 연구의 초입까지도 도착하지 못한 것은 아닐까? 내면에 잠재된 특별한 능력을 열어볼 기회마저 박탈당한 채 자꾸만 패배주의에 몰려 고개를 숙이고 살아온 것은 아닐까?

절망 속에서도 희망을 보려는 용기

제2차 세계대전 이후 정신질환 의료 분야는 그야말로 대성황을 이뤘다. 사지가 절단되고 내장이 으깨진 환자들은 얼마 지나지 않아 땅에 묻히거나 회복되었지만, 마음을 다친 전쟁 희생자들은 평생 그 상태로 살아가야 했다. 국가는 책임을 다한 상이군인들에게 막대한 예산을 투입해 그들의 사회 복귀를 지원했다.

그 덕분에 심리학자들은 우울증, 조현병, 약물 중독, 공황장애 등 그동안 현대 의학이 풀지 못한 병증의 원인을 이해할 수 있게 되었고, 여태껏 아무도 풀지 못했던 14개 정신질환의 구체적인 증상과 병인을 기록으로 남겼다.

그러나 한편으로 심리학자들은 질병을 이해하고 분석하는 것만으로는 사람들을 치료하는 데 큰 도움이 되지 않는다는 사실 또한 배웠다. 의사들은 전보다 훨씬 확신에 찬 말투로 환자에게 "당신은 우울증을 앓고 있습니다"라고 말할 수 있게 되었지만, 딱 거기까지였다. 그래서 어쩌란 말인가? 펜실베이니아대학교 심리학과 교수이자 심리 치료 연구 논문에 가장 많이 인용된 20세기 심리학자 마틴 셀리그만Martin Seligman 교수는 1998년 미국심리학회 회장으로 취임하면서 이렇게 말했다.

"정신질환을 예방하는 유일한 방법은 미래, 희망, 관계, 용기, 끈기, 사랑 등 다양한 긍정적 덕목을 늘 인식하려는 작은 시도뿐입니다."

셀리그만 교수는 동료 심리학자들에게 늘 인간의 결점이나 약점을 탐구하는 데만 집착하지 말고 인간의 강점에 대한 과학적 연구에도 관심을 가져달라고 입버릇처럼 말했다. 그는 삶에서 최악인 것들을 고치는 것만큼이나 삶을 최선으로 만드는 것을 구축하는 일에 더욱 관심을 가져야 한다고 주장했으며, 질병을 앓는 사람들을 고치는 것만큼이나 정상인들이 삶에서 번영을 이루도록 돕는 일에 힘을 쏟아야 한다고 믿었다. 그의 믿음은 훗날 '긍정심리학Positive Psychology'이라고 불리게 된다.

우리는 그가 옳았다고 생각한다.

이러한 셀리그만의 도전은 당시만 해도 단단한 벽을 보고 외치는 고함에 가까웠다. 당시 심리학 분야에서 정신질환의 병증과 병인 등 부정적인 것에 대한 연구와 그 반대의 연구 간 비율은 17 대 1이었다. 우울증과 장애와 정신착란에 관한 연구가 17개 이뤄졌을 때 행복과 성공에 관한 연구가 1개 이뤄졌다는 뜻이다. 긍정심리학이라는 완전히 새로운 심리학 분야는 처음에는 모든 심리학자에게 무시를 당했지만, 시간이 흐를수록 학자들은 차츰 셀리그만의 진실한 초대에 응하기 시작했다.

그 시작은 호주 멜버른대학교의 리아 워터스Lea Waters 교수 연구팀이 실시한 심층 연구였다.[26] 이 연구가 대대적으로 보도된 뒤 과학계를 필두로 수많은 전문 분야의 학자들이 긍정심리학에 몰두하기 시작했다. 신경과학자, 사회과학자, 경제학자, 전문 경영인, 공중보건 관계자, 스포츠과학자, 정치과학자 등이 그들이며, 이들은 인간이 사용하는 언어 그 자체가 변화를 촉발한다고 입을 모아 말했다. 긍정심리학은 우리의 개별 언어와 집단 언어가 우리가 살고 있는 세상을 만들어왔다는 과학적 증거를 밝혀냈다. 2장에서 자세히 살펴보겠지만 우리가 일상에서 사용하는 언어는 우리의 사고방식을 결정하고 그 사고방식은 우리가 실천하는 모든 행동에 매우 강력한 영향을 발휘한다. 모든 것은 연결되어 있다. 그리고 그 중심에는 언어가 자리하고 있는 것이다.

세계경제포럼은 완전한 양성 평등을 달성하는 데 117년이 걸릴 것으로 추정하고 있다.[27] 이제는 다른 접근법을 심각하게 고려해봐야 할지도 모른다. 그렇다고 해서 목욕물을 버리려다 아이까지 버리듯 현재의 대화를 완전히 멈춰야 한다는 것은 아니다. 다만 이 대화가 질적으로 한 단계 진화하고 성숙해질 때가 되었다는 사실을 주장하려는 것이다.

마틴 셀리그만 교수가 일생에 걸쳐 주장했듯이, 작동하지 않는 것에 매달리지 말고 잘 작동하는 것이 무엇인지 확인하고 그것에서 무엇을 배울 수 있을지 확인할 때가 되었다. 그리고 우리는 단지 여성을 위해 조직의 문화를 개선하자고 떼쓰는 것이 아니다. LLAW 프로그램의 핵심 가치는 여성성과 남성성의 결합을 통해 불가능하던 것을 가능하게 만드는 성장과 혁신이다. 이 책은 여자들끼리 똘똘 뭉쳐야 한다는 미사여구나 여자와 남자의 갈등을 부추기는 내용을 담고 있지 않다. 그런 내용을 기대했다면 이쯤에서 책을 덮기 바란다. 우리가 바라는 것은 여성들이 집단적으로 빠져 있는 '부정적 편향'에서 벗어나 자신의 강점을 찾는 연습을 하게끔 돕는 것이다. 자, 그렇다면 어디서부터 시작해야 할까?

'강점 탐구'의 4단계 틀

쿠퍼라이더 교수는 지난 30여 년간 '강점 탐구Appreciative Inquiry'라는 매우 독창적인 학제 간 연구를 지속해온 이 분야 최고의 전문가다. 강점 탐구 연구가 지향하는 철학은 매우 명료하다.

'실패를 공부하면 탁월함에 대해서는 거의 배우지 못한다.'

우리가 '젠더'를 주제로 이야기할 때 '불평등', '격차', '차별' 등에 대해 고민하는 대신 '포용', '공감', '유연성', '합리성' 등 여성적 리더십의 강력한 자질에 대해 좀 더 많이 탐구하면 어떤 일이 벌어질까? 인간은 세상을 인지하고 질문을 던지는 방향에 따라 성장한다. 이는 과학적으로 증명된 분명한 사실이다. 따라서 첫 질문이 중요하다. 신중하고 주의 깊게 선택할수록 더 달콤하고 영양분이 가득한 열매를 수확할 수 있다. 그러니 우리는 이렇게 묻겠다.

"여성적 리더십의 진정한 강점은 무엇인가? 당신이 지금까지 꺼내볼 생각조차 하지 않고 내면 깊숙한 곳에 방치해둔 그 자질이란 무엇인가?"

여기에서는 쿠퍼라이더 교수가 제안한 '강점 탐구'의 4단계 틀을 참고 삼아 설명해보겠다.

(1) 발견하기

지금 당장 내가 사용할 수 있는 강점이 무엇인가?

(2) 상상하기

이 강점을 활용해 내 삶에 존재하는 다양한 가능성을 한데 엮을 수 있다면 어떤 일이 벌어질까?

(3) 설계하기

그렇다면 이 강점을 명확한 행동으로 전환하려면 어떤 경로로 움직여야 하는가?

(4) 전개하기

설계된 경로를 따라 추진할 동력을 어떻게 확보할 것인가? 장애물이 나타났을 때 어떻게 도약할 것인가? 이 모든 것을 어떻게 시스템화할 것인가?

쿠퍼라이드 교수의 방대한 연구 성과의 결실인 이 탐구법을 개인이 곧장 활용하기란 쉽지 않을 것이다. 따라서 우리는 '강점 탐구 서밋(Appreciative Inquiry Ssummit, 조직의 모든 구성원이 함께 모여 조직 변화를 위해 대화를 나누는 형태-옮긴이)'을 구성해 실천해 보길 추천한다.

2007년 여름, 미국 낙농업계는 탄소 배출량을 줄여야 한다는 시민 사회의 압박에 골머리를 앓고 있었다. 미국낙농협회 이사회는 농장주, 학계 전문가, 정부·비정부 기관 공무원, 식품 소매업체 관계자 250명을 한자리에 모아 농장 수익을 보존하면서도 온실가스 배출을 감소시키는 '지속 가능한 혁신'을 궁리했다. 불과 며칠 전까지 제로섬 게임에 빠져 서로를 맹비난하던 경쟁자들은 나란히 앉아 자신들이 지닌 저마다의 강점을 공유하며 그것들을 연결할 때 어떤 시너지가 탄생할지 꿈꾸기 시작했다. 그 결과 그날 심포지엄에서는 무려 20개 이상의 프로토타입(본격적인 상품화에 앞서 성능을 검증하고 개선하기 위해 핵심 기능만 넣어 제작한 기본 모델-옮긴이)이 설계됐고, 모든 구성원이 앞으로도 지속 가능한 낙농업을 구현하는 데 헌신하겠다고 약속했다. 이들은 6000명 이상의 농부가 2억 8700만 달러의 장려금을 활용해 222건의 공기 품질 프로젝트, 1만 247건의 헛간 및 비료 관리 프로젝트, 1만 3920건의 토양 품질 및 비옥성 개선 프로젝트를 실시하도록 돕는 캠페인에 착수했다. 미국 낙농업계는 문제가 불거진 지 불과 2년 만에 온실가스 배출량을 25퍼센트 감소시켰을 뿐만 아니라 농장 사업의 수익성을 2억 3000만 달러나 향상시켰다.

약점을 고치는 것은 상당한 비용을 감수해야 하는 힘겨운 일이다. 문제는 약점 개선에 따른 보상이나 처벌에 구성원들이 적응하는 순간, 자신도 모르게 원래 하던 행동으로 돌아간다는 사실이다. 우리는 바로 이것이 직장에서 여성들이 제대로 된 기회를 얻지 못하고 수많은 야심 찬 프로젝트가 수포로 돌아간 결정적 이유라고 생각한다. 가장 대표적인 예가 바로 '쿼터제'다.

연구자 린다 롭슨Linda Robson은 1000명 이상 규모의 대기업 5403곳을 대상으로 '조직 혁신 프로젝트'의 성공 사례를 모아 정밀 분석을 시도했다. 그 결과 상대적으로 낮은 성과를 냈던 프로젝트의 89퍼센트 이상이 '문제 해결'에 집착했고, 반대로 상대적으로 높은 성과를 냈던 프로젝트의 74퍼센트 이상이 '강점 개발'에 집중했던 것으로 밝혀졌다.[28]

만약 당신이 조직의 문화를 개선하고 새로운 인재를 양성하는 조직 운영 총괄자라면 지금껏 '여성적 리더십'이 제대로 활용되지 못했던 문제에 대해 어떤 방식으로 접근할 것인가? 앞으로 100년이 걸려도 좁혀지지 않을 '격차'와 '차별'을 제거하기 위해 여성들을 모아 설문지를 돌리고 간담회를 개최하고 교육용 영상을 보여줄 것인가? 아니면 여성 스스로가 자신들의 강점을 발견해 완전히 새로운 패러다임의 전환을 시도하도록 장려할 것인가? 우리는 당신이 '강점 탐구'의 4단계 틀을 활용해 조직 문화를 개선하고 잠들어 있던 '여성적 리더십'을 깨우길 간곡히 권한다. 아직 늦지 않았다.

과거에 무엇이 효과가 있었는지 '발견'하고, 이러한 강점을 바탕으로 지속적으로 나아간다면 어떤 변화가 일어날지 '상상'하고, 그 희망으로 향하는 단단한 경로를 '설계'하고, 진정으로 원하는 변화를 이루기 위해 행동을 '전개'하는 것이다. 이 간단한 프레임워크를 사용하면 삶의 모든 영역에서 변화를 만들어낼 수 있다. 고치고 싶거나 멈추고 싶은 것에 얽매이지 말고, 성장하고 개선하고 발전할 수 있는 가능성에 집중하라.

예를 들어 강점 탐구의 주제가 '여성이 지닌 가치를 조직 운영에 온전히 적용하는 것'이라면 다음과 같은 4단계 틀을 활용할 수 있다.

- (발견하기) 성별이 다른 누군가와 함께 일하며 겪은 최고의 경험과 가장 놀라운 경험에 대해 말해주세요. 그 사람은 누구였습니까? 그때 당신은 무슨 일을 했습니까? 무엇을 달성할 수 있었습니까? 이 경험이 기억에 남는 이유는 무엇입니까? 성별이 다른 사람과 협력해 일함으로써 당신이 배운 것은 무엇입니까?
- (상상하기) 배운 것을 지속적으로 적용해 앞으로 이와 같은 성과를 달성할 수 있다면, 조직 내에서 성별이 다른 동료들과 얼마나 큰 시너지를 낼 수 있을까요? 결과적으로 무엇을 달성할 수 있을까요? 당신의 접근법을 접한 조직 구성원 중 얼마나 많은 사람이 변화할까요?
- (설계하기) 이 새로운 접근법을 업무의 일부로 만들기 위해 당신

이 할 수 있는 세 가지 과업은 무엇일까요? 이러한 변화가 어떤 영향을 일으킬 것이라고 생각하나요? 이를 위해 필요한 상급 부서의 지원은 무엇인가요? 어떻게 하면 당신이 이를 책임지고 수행할 수 있을까요?

- (전개하기) 이 대화를 바탕으로 며칠 안에 당장 취할 수 있는 조치가 있다면 무엇을 시도하겠습니까?

물론 이 질문들은 단지 제안 사항일 뿐이지 반드시 그대로 사용하라는 것은 아니다. 강점 탐구를 위한 질문은 그 조직의 특성과 규모와 문화에 따라 얼마든지 달라질 수 있다.

이제 모든 조직 구성원이 자신의 강점을 개방적으로 터놓음으로써 벌어질 온갖 놀라운 일을 떠올려보자. 그리고 사고방식을 전환한 팀이 달성할 수익을 상상해보자. 당신은 무엇을 택할 것인가? 당신의 조직을 구성하는 물과 기름 같던 두 존재가 서로 융합해 완전히 새로운 형태의 조직 모델을 탄생시키는 장면이 머릿속에 그려지는가?

성과를 내는 조직은
이미 '이들'에게 투자하고 있다

그렇다면 조직과 기업은 지금 당장 무엇을 해야 할까? 쓸데없이 예산만 잡아먹는 프로젝트를 청산하고, 조직 내 무너진 인재 양성의 연결고리를 복구하는 지속 가능한 로드맵을 어떻게 구축해야 할까?

이 책은 여성 스스로 자신의 강점을 탐구하고, 그 강점을 무기 삼아 조직 내 역량을 강화하는 구체적인 방법을 다룬다. 하지만 그 전에 여성과 함께 일하는 남성 동료, 그리고 이 모든 이를 구성원으로 두고 있는 조직의 운영자들이 반드시 알아야 할 사실이 있다. 그것은 바로 지금까지의 리더십을 전부 폐기해야 한다는 것이다. 새로운 시대에 맞는 웅장한 신전을 짓기 위해선 모든 낡은 구조물을 철저히 무너뜨려야 한다. 새하얀 백지 위에 조직의 운영 모델을 새롭게 그려야 한다.

따라서 우리는 이 책의 첫 장에 지금 당장 조직이 받아들여야 할 '구조적 개선책'을 배치했다. 이미 수많은 기업이 여성적 리더십에서 미래를 발견하고 있다. 우리는 지난 10여 년간 마이크로소프트, IBM, Amex, 호주연방은행 등 글로벌 초거대 조직의 내부를 들여다보며 그간의 무의식적 젠더 편향이 조직을 어떻게 붕괴시키고, 가뜩이나 비좁은 인재풀을 어떻게 바짝 마르게 하는지 지켜봐 왔다. 반대로 LLAW 프로그램을 통해 수많은 기업이 여성적 리더십의 강점을 탐구하고 공감의 힘을 조직 운영에 도입해, 어떻게 위기에서 벗어났는지도 숱하게 목격했다. 당신은 어떤 선택을 할 것인가? 앞으로 10년, 여성의 능력을 온전히 받아들이지 못하는 조직은 살아남지 못할 것이다. 그 어떤 조직도 한쪽 바퀴만으로는 제대로 굴러가지 못하기 때문이다. 그러니 지금 당장 여성적 리더십을 성과의 중심에 배치하라.

다음의 내용은 우리가 글로벌 대기업에 조언하고 실제 적용한 LLAW 프로그램의 핵심 가치를 집약한 것들이다. 이 내용을 참고하여 모든 것이 송두리째 뒤바뀔 뉴노멀 시대를 대비할 조직의 '다양성 유전자'를 확보하기 바란다.

지독할 정도로 솔직해져라

(1) 미봉책 집어치우기

수많은 조직이 여성 인재 양성 프로그램을 운영하고 있다. 하지만 양적인 접근은 실질적인 변화를 이뤄내는 것과는 직접적으로 관계가 없다. 출혈을 멎게 할 수는 있어도 상처를 치료하지는 못하는 임시방편을 찾는 일은 이제 그만두어야 한다. 새로운 프로젝트를 시작할 때 '그 일'이 실제로 어떤 문제를 해결하려는지, 그리고 정말로 효과를 보일지 먼저 자문하라. 상처 위에 반창고를 하나 덧대는 일에 불과하다면 과연 조직의 역량을 투입할 필요가 있을까? 우리는 남들에게 보여주기 위한 경연대회에 불과한 미봉책을 권하는 것이 아니다. 이제는 장기적이고 지속 가능한 변화를 이끌어낼 수 있는 '전체론적 전략'을 추진해야 한다.

(2) 작동하는 것과 작동하지 않는 것 구분하기

매킨지글로벌연구소 등의 연구에서 보았듯이 새로운 리더십에 대한 요구의 목소리가 커진 바로 지금이 여성적 리더십의 핵심 가치인 공감 능력을 진지하게 알아볼 때다. 우리는 효과적인 전략과 그렇지 않은 전략을 구분해야 한다. 실질적인 문화적 변화를 이끌고 장벽을 허무는 프로그램과 그렇지 않은 프로그램에 대해 솔직하게 의견을 나눠야 한다. 특정 산업에서 어떤 여성들은 전진하는 반면 다른 여성들은 그렇지 못하는 이유에 대해서도 터놓고 이야기해야 한다. 앞에서 조직 내 다양성 전문가 아이리스 보넷 교수가 말한 것처럼 현재 거의 모든 기업에서 시행되고 있는 성별 다양성과 리더십 프로그램의 대다수는 검증된 적이 없으며 꾸준히 많은 비용이 낭비되고 있다.

지금이라도 조직의 모든 경영 데이터를 검토해 현재 진행 중인 투자의 손익을 분석하라. 우리도 안다. 조직의 수장들이 늘 올바른 행동을 하고 있는 것처럼 보이고 싶어 한다는 것을. 하지만 조직 운영은 정치가 아니다. 끊임없이 수익을 창출하고 성장을 지속하는 것이 진정한 비즈니스다.

(3) 미사여구 사용하지 않기

너무 매몰차게 말하고 싶지는 않지만 제발 꿈이나 환상 같은 이야기는 그만두기 바란다. 모든 것을 한꺼번에, 완전히, 영원히 변화시킬 방법은 세상에 없다. 허무맹랑하고 원대한 목표에 매달려 조직의 소중한 자원을 낭비하는 일을 당장 멈춰야 한다. 불가능한 꿈을 향해 질주하다간 태양에 너무 가깝게 날아 날개가 다 타버린 이카루스처럼 조직원들은 금세 탈진할 것이다. 기업 분석 언론《패스트컴퍼니》는 이런 상황을 두고 이렇게 비유했다.

"제발 주차 브레이크를 건 채 가속페달을 밟지 마세요."

미사여구로 대충 때우는 시대는 오래전에 지나갔다. 이제는 실현 가능한 실행 계획과 그것을 확실하게 추진할 리더십이 필요한 순간이다.

차이를 있는 그대로 받아들여라

(1) 성별 차이를 인정하고 관리하기

리더의 가장 필수적인 일 중 하나는 '성별 이해 지능Gender Intelligence'을 갖추는 것이다. 『화성에서 온 남자 금성에서 온 여자』의 저자 존 그레이John Gray와 하버드대학교 여성 리더십 개발 프로그램 총괄 책임자 바버라 애니스Barbara Annis는 지난 25년간 남성과 여성의 머릿속이 어떻게 다르게 구성되어 있는지, 이들이 어떻게 다르게 행동하는지, 그리고 이러한 차이가 일터에서 어떤 결과를 초래하는지에 대해 방대한 공동 연구를 진행했다. 여성과 남성의 성별 차이에 대해 논하는 것은 대단히 조심스럽게 접근해야 된다는 것을 잘 알고 있다.

하지만 우리는 이 '차이'를 짚고 넘어가지 않을 수 없다. 이 차이를 인정하지 않는 한 LLAW 프로그램은 결코 성공적으로 종료될 수 없기 때문이다. 이미 수많은 과학적 연구 결과를 통해 조직 내에서 여성이 남성보다 말을 덜 하고, '나'보다는 '우리'에 대해 더 많이 이야기하고, 자신의 성과에 대해 떠벌리는 것을 더 주저한다는 사실이 밝혀졌다. 따라서 조직의 리더는 여성과 남성이 서로 다르게 보여주는 행동의 이유를 정확히 이해하고 있어야 한다.

(2) N개의 '성공 모델' 인정하기

조직의 어떤 남성 구성원이 성공이라고 생각하는 것이 다른 여성 구성원에게는 성공이 아닐 수도 있다. 전 세계에서 LLAW 프로그램을 진행하면서 우리가 깨달은 분명한 사실은, 사람들은 성공에 대해 저마다 다르게 정의하며 그 목표를 달성하기 위해 역시 저마다 다른 강점을 활용한다는 것이다. 그러니 모든 구성원이 돈이나 명예나 권력 등을 행복의 조건으로 받아들인다고 함부로 속단하지 마라. 물론 그것이 사실일 수도 있다. 하지만 어떤 구성원은, 특히 그중에서도 여성 구성원들은 팀의 성공에 기여한다는 성취감이나 자신이 의미 있는 일을 하고 있다는 만족감에 더 큰 가치를 부여할 수도 있다.

중요한 것은 이러한 성공에 대한 기준을 모든 조직원에게 물어보고 그들의 대답을 업무 분담과 성과 평가의 중심에 둬야 한다는 것이다.

(3) 명확한 기준 세우기

사무실이나 현장에 나와 있는 사람들이 겉으론 비슷한 일을 하는 것처럼 보여도, 가까이 다가가 그들의 하루를 관찰해보면 이 사람이 우리 회사 사람이 맞나 싶을 정도로 매우 독특한 방식으로 업무를 처리하고 성과를 내는 모습을 발견할 수 있다. 명심하라. 사람들은 각자 전혀 다른 방식으로 조직에 기여하며 독특한 방법으로 자신의 가치를 증명한다.

당신은 업무 진행 현황을 수시로 보고하고 주말에도 스스럼없이 연락하는 팀원을 높이 평가하는가? 아니면 정해진 자리에서 최고의 성과를 내기 위해 오랜 시간 자료를 검토하고 보고서를 작성하는 팀원을 더 중요하게 생각하는가? 조용하지만 꾸준한 팀원과 다소 산만하지만 추진력과 자신감을 갖춘 팀원 중 누구와 더 일하고 싶은가? 중요한 것은 당신이 현재 어떤 가치에 더 무게를 두는지 스스로 객관적으로 바라봐야 한다는 것이며, 혹시 자신의 기준에 왜곡이나 편향은 없는지 지속적으로 확인해야 한다는 것이다.

지금 당장 실천하라

(1) 과거가 아니라 미래에 집중하기

우리가 이 책에서 반복해서 주장하는 것은 이것이다. '바뀌지 않는 과거에 연연하지 말고 바꿀 수 있는 미래에 집중하기.' 당신은 '여성적 리더십'을 조직의 어떤 부문에 활용하고 싶은가? 당신이 참고할 수 있는 승리의 경험은 무엇인가? 당신의 조직에 이미 존재하지만 역량을 발휘할 기회를 얻지 못한 여성 리더는 누구인가? 당신이 반복할 수 있는 긍정적 변화는 어디에서 일어나고 있는가? 다들 바뀌지 않을 것이라고 무시하고 외면하던 것들에 과감히 도전하라.

(2) 모든 사람을 대화에 참여시키기

오랫동안 다양성에 대한 대화는 여성이 여성에 대해 이야기하는 방식으로 진행됐고, 그 대화에 남성 참여자는 거의 없었다. 이제는 다양성에 대한 대화에 남자들도 직접 관여할 필요가 있다. 성별 다양성에 관한 비즈니스 성공 사례를 더 폭넓게 이해하도록 돕는 것도 좋은 전략이다.

다국적 IT 기업 델은 흥미롭게도 지난 2017년부터 조직의 모든 팀장급 이상 남성 직원이 부하 여성 직원의 '역멘토링'을 받도록 하는 파격적인 프로그램을 개발해 추진했다. 대화에 남성을 참여시키는 것은 진정한 포용으로 나아가기 위한 초석이다. 이는 사회적으로 고립된 남성들에게도 무척 반가운 일이 될 것이다. 전통적 젠더 역할에 숨 막혀 하는 스스로의 모습을 직면하고, 이성 동료와 웃으며 일할 수 있는 현명한 방법을 얻어갈 테니 말이다.

(3) 중간관리자부터 공략하기

우리는 종종 조직의 최고 책임자인 CEO가 다양성 프로그램에 참여하고 주도적으로 나서는 것이 소기의 목표를 달성하는 데 큰 도움을 줄 것이라고 생각한다. 하지만 우리가 지난 10여 년간 LLAW 프로그램을 진행하며 경험한 수많은 성공 사례와 실패 사례를 종합해봤을 때 CEO부터 변화시키는 전략은 대체로 좋은 결과를 낳지 못했다. 《하버드비즈니스리뷰》에 발표된 한 연구 보고서의 일부 내용이 우리의 주장을 뒷받침한다.

"성공적인 변화 프로그램의 특징은 중간관리자가 참여한다는 점이다. 진정한 변화는 중간에서 일어난다. 중간관리자와 그들의 사고방식, 그리고 그들이 매일 내리는 결정은 기업의 성별 다양성을 폭발적으로 성장시키는 가장 중요한 성공 요인 중 하나다."[29]

당신이 추진하려는 변화에 조직의 중간관리자들이 어떻게 참여하고 있는지, 그들이 어떤 권한을 갖고 있으며 어떤 일을 할 수 있는지, 그리고 무엇보다 당신이 달성하려는 성과에 그들이 얼마나 공감하는지 정확히 파악하라.

남성에게도 변화의 기회를 허락하라

(1) 낡은 리더십 모델에 도전하기

남성은 여성만큼이나 젠더 규범의 제한을 받는다. 지금 우리 주변에 존재하는 이상적인 노동자와 이상적인 리더의 전형은 남성에 의해, 남성을 위해 만들어졌다. 하지만 밀레니얼이 득세하고 뉴노멀의 위기가 급습한 이 시대에도 과연 이러한 모델이 유효할까? 조직의 리더는 그 조직의 성별 다양성을 관리하고 정의하는 최종 책임자다.

그렇다면 당신은 어떤가? 성공적인 리더십은 지배적이고 공격적이고 남성적인 모습을 보여야 한다고 생각하는가? 채용 과정이나 성과 평가에서 대상의 성별에 예민하게 반응하는가? 현대 사회에서 자리 잡을 곳이 없는 오래된 방식에 갇혀 있지 말고 무엇이 조직에 실익을 가져다줄지 더 과감하게 생각하라.

(2) 남성이 스스로 삶의 균형을 찾도록 지원하기

우리는 LLAW 프로그램을 진행하기 전에 여성이 자신의 삶을 얼마나 단단하게 가꾸고 있는지, 이른바 얼마나 '워라밸'을 잘 유지하고 있는지 대규모 조사를 진행했다. 얼마 뒤 동일한 조사를 남성을 대상으로도 진행했는데 놀랍게도 성공적으로 삶을 영위하고 있는 사람의 비율이 남성과 여성 모두 비슷했다. 여자든 남자든 일에 치여 자신의 삶을 제대로 돌보지 못하는 사람의 숫자가 비슷하다는 뜻이었다. 우리는 누가 봐도 부인할 수 없는 남성 위주의 사회에 살고 있지 않았나? 그런데 왜 이런 결과가 나왔을까?

여성만큼이나 많은 남성이 어려움을 겪고 있었다. 남자들은 이러한 주제에 대해 이야기를 하지 않았을 뿐이다. 당신의 팀에 소속된 남성 팀원들은 어떤 상태인가? 그들은 충분히 잘 먹고 잘 자고 잘 쉬고 있는가? 지금부터라도 조직 내 남성 직원들과 '워라밸'에 관해 대화를 나눠야 한다. 그리고 균형 잡힌 삶을 잘 살고 있는 남성들을 진심으로 축하해주고, 그들의 성공 사례를 모든 팀원에게 전파하라.

(3) 남성과 함께 배우기

매킨지에서 발행하는 경영 전문지 《매킨지쿼터리》에 발표된 어느 연구에 따르면 미국이 리더십 개발에 쓰는 비용은 2018년 기준 총 140억 달러(한화로 약 17조 원-옮긴이)에 이른다.[30] 이 엄청난 돈이 모두 기존의 전통적인 '남성적 리더십'에 투자되었음은 두말하면 잔소리다. 하지만 왜 우리의 리더십은 여전히 이 모양일까? 그러니 지금 당장 남성들에게도 LLAW 프로그램과 같은 혜택을 누릴 기회를 줘야 한다. 천문학적인 돈을 들였음에도 남성의 리더십이 새로운 시대적 요구에 부응하지 못하고 오히려 도태된 모델로 작용하고 있다면, 게다가 뉴노멀 시대에 가장 핵심적인 리더십 요건인 '공감' 능력이 바닥 수준에 머무르고 있다면 남성에게도 역시 새로운 지식과 정보가 필요하다는 신호가 아닐까? 진정한 혁신에 닿으려면, 여성과 남성 모두 변해야 한다.

성과를 연결하고 통합하라

(1) 모든 곳에 적용하기

'여성적 리더십'이 제대로 활용되지 않는 결정적 이유는 지나치게 많은 조직이 다양성과 포용성에 대한 논의를 외부 위원회나 특별 위원회를 통해서만 진행하기 때문이다. 이런 임시 회의체에는 일반적으로 여성만 참여하게 된다. 세계적인 경영컨설팅 기업 베인앤컴퍼니의 최근 연구에 따르면, 자신이 소속된 기업이 성별 다양성을 중요하게 여긴다고 느끼는 여성 직원의 비율은 45퍼센트 미만이다.[31] 여전히 테이블과 실무 현장이 따로

놀고 있는 것이다. 한계에 몰린 조직을 성장시키려면 모든 영역에서 변화의 결과가 드러나야 한다. 다양성 전략이 업무의 모든 수준에 구석구석 배어들어 진행되어야 한다. 이 시도는 기업 전반에 걸쳐 광범위하게 이루어져야 한다.

(2) 제도를 확장하기

오랫동안 유연근무제는 '침묵의 우산' 아래에서 자녀를 양육하는 계약직 여성 근로자, 커리어를 포기하고 엄마가 될 수밖에 없었던 워킹맘 등에게만 허락되어 왔다. 현재 많은 조직에서 전 직급에 유연근무제를 장려하는 정책을 시행하고 있지만, 남성과 여성 모두 유연근무제를 '경력의 무덤'쯤으로 생각하고 있는 것 같다.

지금 즉시 당신의 기업에서 누가 유연근무제를 활용하고 있는지 살펴보라. 조직원들이 회사의 유연근무제에 대해 갖고 있는 생각이 그 조직의 생동감과 가능성을 증명하는 지표라고 우리는 확신한다. 활용되지 못하는 제도는 없는 제도나 다름없다. 그리고 이렇게 죽어버린 제도가 곳곳에 방치되어 있는 조직은 미래가 없다. 조직에서 가장 성공적으로 유연근무제를 활용하는 여성과 남성 직원들은 어디에 있는가? 그들은 어떻게 일하는가? 확실한 것은 더 높은 직책에 있는 사람이 유연근무제 등 회사의 제도를 더 많이 활용할수록 더 많은 사람이 제도의 혜택을 누릴 수 있다는 것이다.

(3) 성공 경험을 순환시키기

솔직히 말해보자. 비즈니스는 경쟁 스포츠다. 조직의 피라미드 구조에서 상층부로 올라갈수록 경쟁은 더 치열해진다. 따라서 종종 거대한 성과로 연결될 수 있는 소중한 정보나 노하우가 팀 단위에서 갇힌 채 조직 전체에 공유되지 않는 일이 발생한다. 정보란 살아 있는 것이라서 결정적인 순간에 정확한 곳에 닿지 못하면 금세 딱딱하게 굳거나 비린내를 풍기며 썩어버린다. 따라서 리더의 가장 큰 책무는 매번 성과를 내고 있는 팀의 다양한 성공 경험과 무형의 자산을 그렇지 않은 팀에 이식하는 것이다. 구성원의 다양성이 온전히 활용되고, 권위와 지배가 아닌 공감과 소통으로 성과를 창출하는 '자신감 있는 조직'의 전략을 사내에 공유해 구성원들의 의욕을 고취시켜라.

* * *

급변하는 뉴노멀 시대에 가장 위험한 조직은 '남자만 존재하는 조직'이다. 변곡점에 도달해 성장이 꺾인 시대에는 기존의 성공 공식이 아닌 전혀 다른 방식으로 문제에 접근할 수 있는 다양한 목소리를 지닌 기업이 생존할 확률이 높아질 것이다. '불확실성'을 이길 유일한 방법은 하나의 무기가 아니라 여러 개의 무기를 보유하는 것뿐이다. '공감이 이끄는 조직'은 기존의 조직 운영 전략에 여성의 타고난 자질인 부드럽고 유연한 '공감 능력'을 접목해 급변하는 '다양성 리스크'에 맞서는 새로운 조직 모델이다.

당신이 이끄는 조직의 공감 지수는 어느 정도인가? 조직원들은 서로의 말을 얼마나 받아들이고 조직의 공동 목표에 얼마나 동의하는가? 당신과 당신의 조직은 변화에 맞설 준비가 되어 있는가?

2부

새로운 리더십은
어떻게 탄생하는가

2장

진정성

거짓에서 벗어나기

2장을 시작하며

감수의 글

'진정성 있는 리더'가 되려면 가장 먼저 무엇을 해야 할까요? 조직 내 구성원 간 '관계적 투명성'을 확보해야 합니다. 관계적 투명성이란 '내재적 자아'(나의 원래 모습)와 '외재적 자아'(보여주고 싶은 모습)가 일치되는 모습을 뜻합니다. 직장에서 발현되는 나의 모습과 가정에서 발현되는 나의 모습에 차이가 있다면, 이는 스트레스에 노출되어 있다는 뜻이고 자신을 올바르게 리드하지 못한다는 뜻입니다. 지금까지 수많은 직장 내 여성이 자신의 타고난 '여성성'을 숨긴 채, '조직에서든 사회에서든 남자처럼 일하고 행동해야만 성공한다'는 잘못된 고정관념을 내재화하며 살아왔습니다. 우리는 '새로운 리더십'을 논하기에 앞서, 모든 여성이 이러한 거짓에서 벗어나 '가장 나다운 모습'으로 일과 삶을 리드할 수 있다는 사실을 분명히 인식해야 합니다.

인간은 저마다의 경험과 기질이 만들어낸 다양한 렌즈를 끼고 살아갑니다. 우리는 이를 '사고방식'이라고 부릅니다. 현실을 바라보는 사고방식이 바뀌면 그 현실이 우리에게 미치는 영향도 완전히 달라집니다. 자신의 성별이 일을 하는 데 어떤 영향을 미칠지에 대한 사고방식은 '부정', '중립', '긍정' 등 세 가지로 나뉩니다. 현재 한국의 여성들은 자신의 성별이 직장 생활과 성과 창출에 어떤 영향을 끼친다고 평가할까요? 어떤 사고방식이 업무를 추진하는 데 가장 유리하게 작용한다고 믿을까요? 만약 이 사고방식을 유연하게 통제하고 조정할 수 있다면 어떤 일이 생길까요?

시대가 원하는 리더의 모습이 완전히 변하고 있습니다. 우리는 이를 '제3의 리더십'이라고 부릅니다. 한국, 미국, 중국, 일본, 프랑스, 독일 등 13개국 남녀 6만 4000명에게 21세기 리더가 갖춰야 할 핵심 자질이 무엇인지 물었을 때 무려 81퍼센트의 응답자가 '여성성'과 '남성성'이 어우러진 '공감의 리더십'을 지목했습니다. 심지어 3분의 2에 속하는 사람이 현재 남성 리더들이 훨씬 더 여자처럼 생각하고 조직을 이끌어야만 위기에 몰린 조직을 생존시킬 수 있을 것이라고 답했습니다. 이들이 압도적으로 가장 많이 꼽은 리더십 역량 역시 '공감'이었습니다. 이 조사 결과가 뜻하는 것은 무엇일까요? 조직 내 모든 구성원이 서로 공감하고 자신의 취약성을 받아들일 때, 즉 지나치게 비대해져 심각한 부작용을 낳고 있는 '남성적 역량' 대신 '여성적 역량'을 충분히 활용할 때 조직의 성장 가능성을 한 단계 도약시킬 수 있다는 의미입니다.

당신의 '믿음'이
당신의 '행동'을 결정한다

"여자는 둘 다 가질 수 없다"라는 거짓말

자신만의 고유한 강점과 재능을 활용하여 원하는 대로 일하며 삶을 사는 것은, 또 그러한 강점과 재능으로 동료에게 존중받는 것은 어떤 느낌일까? 망토와 가면을 벗어던지고 자신을 규정하는 모든 한계에서 벗어나 '내가 되고 싶어 하는 사람'이 된다는 것은 무엇을 의미할까?

오늘날 여성과 일에 관한 수많은 논의가 조직 안팎에서 활발히 이어지고 있다. 임원급 여성의 비율을 높이려는 시도, 인재 파이프라인(Talent Pipeline, 특정한 직책을 맡을 준비가 되어 있는 후보자 인재풀. 승진을 기대하는 내부 직원과 업무 역량을 갖춘 외부 인재를 모두 포함한다-옮긴이)에 여성을 포함시키려는 다양한 시스템 개발, 성별 임금 격차를 낮추려는 법적 정비, 유연근무제도와 육아휴직제도를 확대하려는 사회적 움직임, 성별에 따른 무의식적 편견을 제거하려는 사내 교육 프로그램의 활성화, 여성과 남성에게 동등한 기회를 부여해야 한다는 시민들의 목소리 등 우리가 살고 있는 이 시대는 인류사에서 여성의 사회 진출 보장을 위해 가장 애쓰고 있는 시대일지도 모른다.

하지만 이것들이 정말 진실일까? 그래서 일터의 여성들은 자신의 유능함을 마음껏 펼치고 있을까? 이에 답하고자 우리는 지난 수년간 심리학과 사회학과 정치학 등에서 여성의 '호감도'와 '성공'의 상관관계를 분석해온 역사를 간략히 설명하려고 한다. 지난 10여 년간 사람들은 다음과 같은 전제를 맹신해왔다.

"여성은 유능한 사람이나 호감을 주는 사람 중 하나는 될 수 있어도 둘 다 지닌 사람은 될 수 없다."

심지어 여성들조차도 이 문장에 암묵적으로 동의해왔다. 그렇지 않은가?

수전 피스크Susan Fisk, 에이미 커디Amy Cuddy, 피터 글릭Peter Glick은 바로 이 전제에 최초로 의문을 제기한 심리학자들이다. 그들은 한 인간이 지닌 '온화한 성품'과 '탁월한 능력' 사이의 역학을 연구했다. 구직 능력, 업무 처리 솜씨, 리더십 역량 등에 대한 주관적 인식과 그 인식이 실제 현실에 미치는 영향에 주목했다. 모든 사람은 이 두 가지 상반된 자질에 대해 끊임없이 스스로를 평가하고 판단한다. 당신의 일상을 한번 돌아보라. 타인이 생각하기에 나는 얼마나 따뜻한 사람인지, 얼마나 유능한 사람인지 병적으로 확인하고 있지 않던가?[1]

에이미 커디가 주도한 연구팀은 미국과 유럽, 아시아에서 일하는 수천 명의 사람을 대상으로 대규모 실험을 추진했다. 연구자들은 사람들이 '온화한 성품'과 '탁월한 능력'이라는 두 가지 특성을 평가할 때 남자보다 여자에게 더 높은 기준을 적용한다는 사실을 확인했다. 특히 여성을 평가할 때는 이 두 능력에 대한 인식이 전형적으로 반비례 관계를 보인다는 사실도 발견했다. 이렇게 여성은 두 개의 카테고리에 갇히게 된다. 유능하지만 차가운 사람, 호감을 주지만 능력은 없는 사람. 전자는 너무 권위적이고 공격적이며 한마디로 '독한 년'이다. 후자는 주로 워킹맘이나 10년 넘게 같은 자리를 고수하고 있는, 마치 회사의 화분 같은 존재들이 속한다. 이들은 그저 너무 친절하다는 이유로 더 중요한 일을 할 기회를 박탈당한다.

여성의 따뜻한 성품은 주변의 동정을 끌어내지만, 탁월한 능력은 공포와 질투를 자아낸다. 그리고 차별은 두 가지 상황에서 모두 발생한다. 육아휴직 이후 엄마가 된 직원이 복직할 때를 생각해보자. 복직하자마자 이들은 가부장적 편견 아래 놓이게 된다. 이 직원은 누구에게나 정중한 대접을 받지만 능력 면에서는 신뢰를 얻지 못해 직책을 유지하거나 승진할 기회, 또는 더 나은 회사로 이직할 기회를 포기하게 된다. 반대의 경우라면? 진취적이고 빼어난 능력을 지닌 여성은 '전통적인 여성상'에 해당하지 않아 다들 슬금슬금 피하게 된다. 결국 유능한 여성은 자연스럽게 업무에서 배제되고 고립된다.

이렇게 '편견'은 재확산되고 공고하게 다져진다. '여자가 고쳐야 할 말버릇', '여자가 입으면 안 되는 옷', '여자가 이룰 수 있는 성취의 한계', '여자가 해서는 안 되는 행동', '여자가 남자에게 양보해야 할 것' 등등…. 이 거짓된 편견이 무서운 진짜 이유가 무엇인지 아는가? 여성 스스로 자신의 성별이 성공과 커리어 관리에 골칫거리이자 방해물이 된다고 생각하게 만든다는 것이다. 이러한 사고방식은 조직이 인재 파이프라인을 관리하고 장기적 '승계 계획(Succession Plan, 기업이나 조직에서 직원들이 언제든 상급 관리자를 대체할 수 있도록 훈련시키는 일-옮긴이)'을 수립할 때 직간접적으로 영향을 미친다.

우리가 함께 펼쳐나갈 LLAW 프로그램의 첫걸음은 바로 이 '한계 짓기'에서 벗어나 새로운 질문을 던지는 것이다. 그럼으로써 여성이 자신을 드러내는 방식, 일하는 방식, 부드럽고 유연한 공감 능력으로 조직을 이끄는 방식을 새롭게 정의하는 것이다.

우리의 이 '전진'을 지지하는 중요한 연구 결과가 있다. 세계적인 리더십 이론 전문가 잭 젱거Jack Zenger와 조셉 포크먼Joseph Folkman은 미국의 기업 352곳을 대상으로 그곳에서 일하는 수천 명의 임원급 직원, 팀장급 직원, 팀원급 직원을 따로 분류해 '360도 피드백 평가'를 진행했다.

이들의 연구에 따르면 여성들은 16개 리더십 역량 중 12개 부분에서 남성을 앞섰다. 12개 리더십 역량 중에는 물론 '호감도'도 포함되어 있었다. 남성들은 더 높은 자리에 올라갈수록 '호감도'가 급격히 낮아지는 데 반해 여성들은 오히려 고위급 임원으로 올라갈수록 '호감도'가 폭발적으로 상승했다. 이것은 능력과 호감이 결코 반비례하지 않는다는 결정적 증거다.

앞서 여성의 '호감도'와 '성공'의 상관성을 연구한 에이미 커디 박사는 성별에 관계없이 따뜻함과 유능함을 고루 갖춘 사람으로 비치는 것이 실제로 가능하다고 주장한다. 그는 그것이 가능한 원천으로 '프레즌스Presence'라는 대단히 흥미로운 개념을 제시했다. 프레즌스란 무엇일까? 진정한 자신의 모습에 뼛속까지 익숙해져 솔직하고 진실하게 타인과 연결될 수 있는 상태를 뜻한다. 그리고 스스로의 능력을 언제나 타인에게 완전히 보여주는 삶의 자세를 의미한다. 프레즌스를 구성하는 요소는 너무나 광범위하다. 생각, 말투, 손짓, 목소리, 표정, 자세 등이 역동적으로 연결되어 있다. 프레즌스를 갖춘 사람은 혹시 내면에 큰 불안과 고민이 있더라도 그러한 부정적 감정을 남에게 잘 들키지 않는다. 프레즌스는 언제나 열정과 자신감이 넘치는 담대한 사람으로 보이게 만들어주고, 신뢰를 싹트게 하고 아이디어가 폭발하도록 돕는다('프레즌스'라는 개념에 대해서는 3장에서 더욱 상세히 다룰 것이다).

그런데 이 모든 타당한 과학적 근거에도 불구하고, 여성은 호감과 능력을 동시에 갖출 수 없다고 확언하는 인물이 있다. 바로 페이스북이라는 조직의 가장 높은 자리에 앉아 있는 셰릴 샌드버그다. 그는 지난 수십 년간 활동한 여성 리더 중 가장 위대한 리더십을 지닌 인물로 평가받고 있다. 우리는 당연히 셰릴 샌드버그를 대단히 존경한다. 그가 하는 말의 (전부는 아니지만) 많은 부분에 동의한다. 또한 여성이 성공할 수 있는 일터의 이상적 모델을 우리에게 제시해줬다는 점에 매우 감사하게 생각한다.

하지만 모순되는 점을 짚고 넘어가지 않을 수 없다. 샌드버그는 직접 논문을 쓰지는 않았지만, 여러 매체를 통해 여성이 호감과 능력을 모두 갖추는 것은 불가능하다고 거리낌 없이 말하고 다닌다. 자신은 그 두 가지를 모두 대단한 수준으로 이룩했으면서 말이다. 테드TED에 출연해 강연을 하고, 《뉴욕타임스》에 칼럼을 기고하고, 거의 매일 저녁 TV 뉴스에 얼굴을 비추며 자신이 이끄는 혁명을 소개하면서도 정작 과거의 담론에서 벗어나지 못한 채 '여성적 리더십'의 가능성을 인정하지 않고 있다. 정말이지 우리는 그가 하는 말이 이해가 안 된다.

무엇이 진실일까? 어떤 사회학자들은 여자들이 야망이 부족하기 때문에 이 지경에 머물고 있다고 맹비난한다. 어떤 뇌과학자들은 '야망 격차'에 대한 과학적 근거는 없으며 여자와 남자의 뇌 사이에는 아무런 차이가 없다고 주장한다. 어떤 조직학 연구는 지금이 인재 파이프라인 관리에서 지난 인류 역사상 가장 위대한 발전이 이뤄지고 있는 시기라고 발표했다. 반대편의 심리학자들은 그 어떤 발전도 일어나지 않았다고 설명한다.

대체 누구의 말을 믿어야 할까? 한 가지 부인할 수 없는 진실은, 거의 모든 사람이 그냥 자신이 믿고 싶은 대로 믿는다는 것이다. 우리는 당신이 다음 질문에 대해 곰곰이 생각해보기를 바란다.

"당신의 커리어를 위해, 리더십 개발을 위해, 당신이 살고 있는 세상을 위해 당신은 어떤 사고방식을 선택할 것인가?"

세상을 바라보는 3가지 젠더 사고방식

컬럼비아대학교 심리학과 교수 앨리아 크럼Alia Crum이 수행하는

연구의 핵심이자 동기는 다음과 같다.[2]

'어떤 것에 대해 당신이 어떻게 생각하는지에 따라 그것이 당신에게 미치는 영향이 바뀔 수 있다.'

달리 말하면 이렇다.

'당신은 당신이 기대한 것만 얻는다.'

크럼은 연구에 참여한 다양한 사람들에게 이 이론을 테스트했다. 그런 뒤 다음과 같은 가설을 제기했다.

"어떤 사람이 두 가지 결과가 발생할 수 있는 상황에 놓일 경우, 그 사람이 품은 '기대'와 '확신'과 '희망'이 그 사람이 맞게 될 '결과'에 직접적인 영향을 미친다."

주술에 가까운 그의 이론에 수많은 학자가 즉각 반발했다. 하지만 크럼이 진행한 실험에서 참가자들은 자신이 기대한 것을 실제로 얻었다. 크럼이 설계한 실험 환경에서 유일하게 달랐던 점은 참가자들의 사고방식뿐이었다.

'사고방식'이란 무엇인가? 세상을 바라보는 관점이자 당신의 경험이 축적되어 다듬어진 '필터'라고 할 수 있다. 그렇다면 당신이 선택하는 '젠더 사고방식'이 당신이 직장에서 스스로를 드러내는 방식과 당신이 달성할 수 있는 성과에 매우 결정적인 영향을 미치리라는 사실을 어렵지 않게 유추할 수 있다. 사고방식은 그 사람의 무의식을 지배하기 때문이다. 우리는 지난 10여 년간 수없이 많은 기업을 방문하며 그만큼이나 다양한 여성 리더를 만나왔다. 우리는 이 방대한 '경험 자료'를 정리해 직장에서 여성들이 경험하고 있는 젠더 사고방식을 세 가지 유형으로 나누었다.

(1) 부정적 젠더 사고방식

"내 성별은 내 일에 부정적으로 작용한다." 여자라는 사실이 커리어에 악형향을 끼쳐 개인의 발전을 방해하고 성공적인 리더십을 발휘할 수 없게 만든다는 믿음이다. 여성으로서 앞으로 나아가는 것이 얼마나 어려운지를 논하는 모든 연구에서 널리 받아들여지는 사고방식이다.

- 나는 여자이기 때문에 성공할 확률이 남자보다 더 낮다.
- 성별에 관한 규범과 고정관념은 타인이 나를 인식할 때 부정적으로 작용한다.
- 내가 직장에서 성공하려면 사람들이 기대하는 방식, 주로 남성적인 행동 방식에 내 성향을 맞춰야 한다.
- 나는 여자이므로 더 적은 월급을 받을 것이며 성장할 기회도 남자보다 더 적게 주어질 것이다.

(2) 중립적 젠더 사고방식

"내 성별은 내 일에 중립적으로 작용한다." 성별이 직장 내 자신의 실적이나 발전 능력, 리더로서의 성공에 아무런 영향을 미치지 않는다는 믿음이다. 이 사고방식은 성별을 문젯거리로 보지 않으며 가볍게 여긴다.

- 나는 오직 내 힘으로 성공한다.
- 나는 젠더와 관련한 모든 고정관념이 만들어낸 편향된 시선을 신경 쓰지 않는다.
- 여자와 남자가 처한 업무 환경은 어디를 가나 늘 동일하다.
- 나는 내 성별이 내가 가질 수 있는 기회와 관계가 있다고 믿지 않는다.

(3) 긍정적 젠더 사고방식

"내 성별은 내 일에 긍정적으로 작용한다." 자신이 여성이라는 점이 일터에서 실질적인 혜택으로 작용한다고 믿는 사고방식이다. '타고난 여성성'이 직장에서 긍정적인 성과를 도출하는 데에 결점이 아닌 자산이라고 여긴다.

- 나는 성 규범의 제약을 받지 않는다. 여성이라는 것은 나만의 강력한 무기다.
- 직장에서 나는 사람들이 기대하는 방식, 특히 남성적인 행동 방식에 나를 맞추려고 노력하지 않는다.

- 내 성별 덕분에 직장에서 내가 거머쥘 수 있는 기회가 늘어난다.

이 중에서 가장 인기가 많은 젠더 사고방식은 물론 '부정적 젠더 사고방식'이다. 이는 그리 놀라운 일이 아니다. '중립적 젠더 사고방식'을 지닌 사람도 적지 않다. 그들은 그저 열심히 일하며 자신이 속한 비즈니스 세계의 규칙에 순응하고 있으며, 업무에서 그다지 어려움을 겪지도 않았다. 심지어 매우 빠르게 높은 곳으로 올라갔다. 우리 책의 저자 중 한 사람인 메건 역시 이 젠더 사고방식에 속하는 인물이었다. 그는 마침내 고위 경영자 자리에 오르자 조직 안에 공고하게 세워진 남성 중심의 시스템이 얼마나 여성들을 억압하고 있는지 깨닫게 됐다.

사고방식은 삶에 대해 우리가 취하는 태도다. '긍정적 젠더 사고방식'을 지녔다고 해서 직장 내 존재하는 현실적인 문제들을 완전히 이겨낼 수 있는 것은 아니다. 다만 우리가 주장하는 것은 성별 덕분에 얻을 수 있는 기회에 조금만 더 집중을 해보자는 것뿐이다. 현실을 무시해선 안 된다. 하지만 현실의 두려움에 지레 겁부터 먹을 필요도 없다.

"당신이 가장 선호하는 리더십 특성은?"

스탠퍼드대학교 소속 심리학자 그렉 월턴Greg Walton은 지난 10년간 사람들의 사고방식을 효과적으로 변화시키는 법을 연구했다.[3] 한 사람의 생각을 바꾸려면 길고 상세한 프로그램이 필요하다고 생각하는 이들이 많지만, 월턴은 한 시간이 넘지 않는 시간 동안 단 한 번만 짧게 개입해 사고방식을 바꾸는 일이 가능하다는 사실을 밝혀냈다. 그 방법은 무엇일까? 한 사람에게 어떤 쟁점에 대한 대안적 관점을 제시하고, 그 관점이 해당 인물에게 어떻게 적용되는지 확인하고, 시간의 흐름에 따른 사고방식의 변화를 추적하는 것이다. 꽤나 간단하지만 그 결과는 심오하다.

우리는 월턴의 방식과 유사한 사고방식 개입으로 프로그램의 문을 연다. 참가 여성들에게 배부되는 워크북의 한 페이지에는 100개가 넘는 성격 특성 목록이 적혀 있다. 먼저 우리는 프로그램에 참여한 여성들에게 팀장급 이상 임원들이 반드시 갖춰야 할 특성이 무엇인지 표시한 후 소그룹 토론을 통해 생각을 교환하게 한다.

그다음 우리는 전 세계 3만 2000명을 대상으로 '가장 선호하는 리더십 특성'을 설문한 조사 결과를 공개한다.[4] 항목의 내용은 워크북에 적힌 100여 개의 성격 특성 목록과 동일하지만,

다른 점은 각각의 성격 특성을 성별로 분류했다는 점이다. 총 105개의 리더십 특성이 화면에 뜬다. 그중 60개가 여성적 리더십의 자질이고 35개가 남성적 리더십의 자질이다. 나머지 10개는 양성적 리더십의 자질이다.

참가자 중 대다수는 자신이 선택한 특성이 실은 여성적 리더십에 속하는 자질이라는 사실을 깨닫고선 놀라움을 금치 못한다. 이어서 우리는 이들에게 다시 한번 함께 일하고 싶은 최고의 리더에 대해 생각해보라고 주문한다.

그들은 나열된 목록을 꼼꼼히 살펴보며 '보살피는Nurturing', '공감하는Empathetic', '협력하는Collaborative', '직관력이 있는Intuitive', '배려하는Caring' 등의 특성에 표시한다. 아까와는 전혀 다른 결과다. 아마 이들은 살면서 지금까지 성별에 관계없이 자신이 가장 효율적이라고 생각하는 리더십 특성이 여성적 특성을 보인다는 사실을 단 한 번도 생각하지 않았을 것이다. 실제로 이들은 몇 분 전까지만 해도 여성적 특성을 선택하지 않았다.

마지막으로 우리는 참가자들에게 이런 질문을 던진다.

"이러한 특성들을 여러분의 리더십 스타일에 어떻게 적용할 수 있을까요?"

바로 이때부터 사고방식이 실질적으로 변하기 시작한다. 워크숍에 참석한 사람 중 대다수는 타고난 여성적 특성 덕분에 자신이 더 나은 사람이 되고 더 뛰어난 사람이 될 수 있을 것이라 생각한 적이 없었다. 무엇보다도 이들은 여성적 특성이 자신을 더욱 진정한 리더로 만들어주는 자산이 될 수 있다는 생각을 단 한 번도 해본 적이 없었다.

하지만 간단한 사고방식 개입만으로도 방 안의 에너지가 바뀌었다. 벽이 무너져 내린다. 이들은 숨을 더욱 깊이 들이쉬고 충분히 내쉰다. 그때부터 우리는 프로그램을 본격적으로 진행하기 시작한다. 이제 이들에겐 '긍정적 젠더 사고방식'이 장착되었기 때문이다.

조금 황당하지 않나? 연구자의 간단한 개입만으로 여성들은 지금껏 믿어 의심치 않던 리더십에 대한 인식을 전면 폐기했다. 그리고 이 사고방식 전환은 여성들이 프로그램에 참가한 지 1년이 지난 후에도 유지가 되었다. 그들은 지금까지도 자신의 성별이 조직에서 꾸준히 성과를 창출하는 데 가장 중요한 자산이라고 믿고 있다.

[체크 포인트 1]

나의 젠더 사고방식은 어떤 유형인가

① 당신의 성별이 커리어와 리더십 스타일에 미치는 영향에 대해 스스로 어떻게 생각하고 믿는지 확인하라. 현재 당신의 젠더 사고방식이 당신의 일과 삶에서 어떻게 드러나는지 유심히 관찰하는 일부터 시작하라.

② 여자라는 사실이 당신을 괴롭히는지 혹은 응원하는지 확인하라. 혹시 당신은 성별이 일에 어떤 영향을 미치는지 한 번도 떠올리지 않으며 하루를 보내는가? 아니면 여성이기에 일할 때 알게 모르게 제약을 받는다는 생각을 온종일 떠올리는가? 그 생각이 당신을 괴롭히는가, 당신에게 힘을 주는가?

③ 여성 동료나 남성 동료가 자신의 젠더 사고방식을 드러낼 때 당신은 그들에게 어떻게 반응하는가? 누군가 승진을 했거나 좋은 결과가 예상되는 프로젝트를 따냈을 때, 그 사람이 성별 덕분에 성공했다는 생각을 한 번이라도 한 적이 있는가?

④ 당신의 직장이 고수하는 젠더 사고방식과 당신의 젠더 사고방식이 일치하는지, 불일치하는지 점검하라. 사내 규정이나 사내 프로그램 등에서 성별에 대해 드러내는 신호가 있는지 찾아보라. 그렇게 적극적으로 찾기 시작하면, 그러한 편향된 인식의 흔적이 조직 곳곳에 펼쳐져 있는 모습을 보게 될 것이다.

⑤ 당신이 속한 비즈니스 세계에서 성별이 여성을 제한하는 요소인지 확인하라. 그것이 하나의 문화로 지속되는가? 당신의 팀에서 여성과 남성을 바라보는 기준은 무엇인가? 당신은 그 기준에 저항할 수 있는가? 고착된 문화를 바꾸기 위해 당신은 무엇을 할 수 있는가?

전 세계 6만 4000명이 지목한 리더의 자질

'여성적 리더십'의 부상

우리가 사는 이 시대는 지난 인류사 중 조직이 여성성과 남성성의 강점을 적절하게 융합해 새로운 성장 가능성을 도모하기에 가장 유리한 때다. 즉각적 효과에 매달리고, 공격적으로 다그치고, 모든 것을 통제하던 낡은 리더십이 저물고 있다. 그 대신 지속적이고, 부드럽고, 유연하고, 협력적인 여성의 공감 능력을 기반으로 하는 '여성적 리더십'이 새롭게 부상하고 있다. 그리고 이 공감의 리더십은 불확실성이 지배하는 21세기를 돌파할 '제

3의 리더십'으로 각광받고 있다.

오늘날의 리더십 쟁점을 온전히 파악하기 위해 현재 우리가 어느 지점에 있는지를 확인하는 일부터 시작하자. 지난 10년간 남성적 리더십의 가장 큰 실패 사례는 2008년 세계 금융위기였다. 이 사건은 모든 권위적이고 보수적인 낡은 리더십이 한꺼번에 무너져 내린 지구적 재난이었다.

세계경제포럼은 미래에 닥칠 리더십 문제에 대해 경고 신호를 보내고 있다. 세계경제포럼이 주최하는 글로벌어젠다의회Global Agenda Council에서는 향후 12~18개월 안에 세계에 가장 중대한 영향을 미칠 쟁점이 무엇인지 매년 발표한다. 사회·경제·정치 분야에서 모든 사람이 공통적으로 경험할 급변의 도화선을 예측해 이른바 '10대 트렌드Top Ten Trends'를 선정한다. 2014년 글로벌어젠다의회는 '리더십의 가치 결핍Lack of Values in Leadership'을 10대 트렌드 중 7위로 선정했다.[5] 2015년 10대 트렌드에는 '리더십의 가치 결핍'이 3위에 올랐으며, 충격적이게도 조사 응답자 중 86퍼센트가 "오늘날 세계에는 제대로 된 리더십이 존재하지 않는다"라고 밝혔다.[6] 응답자 중 겨우 14퍼센트만이 현재 활동 중인 글로벌 조직의 리더들을 신뢰하며 이들이 효율적으로 조직을 관리하고 있다고 답했다.

지금까지 믿어왔던 리더십의 가치가 서서히 붕괴되고 있는데도 수많은 조직의 리더와 조직 관리자들은 점진적으로 개선해 나가면 된다고 믿는 것 같다. 하지만 그런 보수적 접근이 가능했던 때는 이미 오래전에 지났다. 우리 앞에 놓인 선택은 '하면 좋고 안 해도 상관없는' 성질의 것이 아니다. 지금 우리에겐 선택할 권한이 없다.

2008년 세계 금융위기 이후 세계적인 사회이론 전문가 존 거제마John Gerzema와 퓰리처상을 받은 기자 마이클 단토니오Michael D'Antonio는 급격한 사회경제적 대혼란이 가라앉은 뒤 나타나는 '장기적 뉴노멀' 현상이 무엇인지를 분석했다.[7] 그리고 그 결과를 『비용 전환Spend Shift』이라는 책으로 엮었다. 이 책을 집필하던 중 이들은 연구 용어나 데이터 수치로 설명할 수 없는 어떤 거대한 '트렌드'가 유럽과 미국 그리고 아시아 여러 나라에서 형성되고 있다는 사실을 발견했다. 그것은 사람들이 흔히 '여성성Feminine Traits'이라고 말하는 것들이었다. 이 현상을 좀 더 면밀하게 분석하기로 한 거제마와 단토니오는 인간의 125개 특성을 분류한 뒤 그중에서 21세기의 리더가 가장 시급히 갖춰야 할 자질이 무엇인지 13개국 남녀 6만 4000명에게 물었다.

연구 참여자들의 국적은 한국, 미국, 중국, 일본, 프랑스, 독일, 영국, 인도, 브라질 등이었다. 이 국가들에서는 지난 수백 년간 보수적이고 전통적인 남성적 권위주의가 사회를 지배해왔다. 연구진은 이러한 그들의 전통과 관습이 응답 결과에 영향을 미치리라 생각했다. 연구 결과는 과연 어떻게 나왔을까? 응답자들은 '이타심', '공감 능력', '협력', '유연성', '인내심' 등 연구자들이 '여성성' 또는 '여성적 가치'라는 범주 안에 포함시켰던 특성들을 새로운 리더십의 요건으로 일관되게 선택했다.

절대 다수가 '통제', '공격성', '과단성'과 같은 남성적 특성을 거부했으며, 참가자 중 81퍼센트가 성별에 관계없이 모든 조직과 기업이 지속적으로 번영하기 위해선 '남성적 특성'과 '여성적 특성'을 모두 갖춰야 한다고 생각했다. 세계 인구 10명 중 8명이 '남자들이 좀 더 여자처럼 생각하고 행동하고 조직을 이끈다면 세상이 더 나아질 것'이라고 평가한 것이다. 우리는 이것이 그 누구도 부인할 수 없는 진실이라고 생각한다.

MBA 졸업생 중 누가 가장 성공했을까

이제 다시 현실로 돌아오자. 역사적으로 '여성성'은 늘 과소평가를 당해왔다. 핵심적인 것이 결핍되었거나 어딘가 문제가 있는 것으로 무시를 받아왔다. 근대적 기업의 구조가 갖춰지고 지금까지 내려오고 있는 조직 운영 모델이 탄생한 이래 여성의 노동력은 어디까지나 남성의 노동력을 대체하거나 보조하는 수준으로 등한시됐다. 심지어 수많은 조직이 여성에게 '공감', '직감', '친절', '겸손', '객관성' 등 여성이 타고난 자질을 버릴 것을 강요했고, 그 대신 '공격성', '형식주의', '패권주의', '야망' 따위를 주입시키려 했다. 이러한 억압은 앞에서 살펴본 '부정적 젠더 사고방식'을 퍼뜨리는 데 결정적으로 기여했다. 그리고 여전히 많은 무능하고 무지한 기업들이 '남성성'이라는 허름한 삽을 꽉 쥔 채 제 무덤을 파고 있다.

그러나 세상이 바뀌고 있다. 그동안 제대로 평가받지 못한 '여성적 리더십'이 조직의 가능성을 확장시키고 다양성을 개선시켜 경쟁력을 강화하는 데 엄청나게 큰 영향을 미친다는 것이 밝혀지고 있다. 또한 세계가 좀 더 번영하기 위해선 여성성과 남성성의 균형이 절실하다는 사실을 거의 모든 사람이 받아들이고 있다. 이는 여성이 일터에서 더 많은 권한과 책임을 얻어도 된다는 가장 확실하고 거대한 허가서다. 무엇을 망설이는가? 불길에 휩싸인 조직과 기업이 잿더미로 변하기 전에 어서 여성적 리더십을 수혈하라.

그래도 여전히 여성을 임원으로 임명하고, 여성 팀원에게 핵심 프로젝트를 맡기고, 여성 동료를 업무 성과의 중심에 배치하는 것이 머뭇거려지는가? 여성성이 지닌 가치를 증명하는 단서가 더 필요하다면 132명의 MBA 졸업생들을 8년간 추적해 이들이 사회에서 어떤 성과를 거두고 있는지를 조사한 스탠퍼드 대학교 경영대학원의 최근 연구 결과를 살펴보자.

결론부터 말하자면, 연구자들은 남성성과 여성성을 적절히 조화해 활약하고 있는 여성 졸업생들이 그 어떤 졸업생보다 확실히 '더 잘나간다'는 사실을 발견했다. 이들은 남성성만을 활용해 커리어를 쌓은 남성 졸업생에 비해 세 배, 여성성만을 활용해 커리어를 쌓은 여성 졸업생에 비해 두 배 더 높은 승진율을 보였다.[8]

크고 단단한 길이 놓이고 있다. 오랫동안 여성들은 그저 여자라서 뒤로 물러나야 했다. 굳이 앞으로 나아가고 싶다면 남성적 리더십 모델과 전통적 조직 문화에 부합하는 남성성을 단단히 갖출 것을 강요받았다. 남성성의 숲에 고립되어 자신의 가치를 증명하려고만 애썼다. 하지만 그러지 않아도 된다는 연구 결과가 쏟아지고 있다. 스스로의 성별을 명예롭게 여기고 타고난 강점을 연마해 자신만의 방식으로 일해도 된다고 세상은 말하고 있다.

전 세계 수만 명의 리더가 택한 21세기 새로운 리더십의 궁극적 자질은 '공감 능력'이다. 자신의 한계를 솔직하게 인정하고 타인의 말과 행동을 진정성 있게 받아들이는 이 '제3의 리더십'은 이미 오래전부터 여성이 갖추고 있었던 것이다. 하지만 많은 여성이 여전히 매일 아침 사무실에 들어서기 전에 자신의 진정한 자아를 차 트렁크에 처박아두거나 가방 안에 집어넣는다. 더 이상 그러면 안 된다. 지금 당장 변명이나 사과 없이 당신 자체가 되어야 한다. 당신 자체만으로 이미 충분히 차고 넘친다. 그리고 그 모습이 바로 세상이 원하는 진정한 리더의 모습이다.

당신이 가장 숨기고 싶은 것을 드러내라

리더의 공감 능력이란 무엇일까? 공감하는 리더십의 맨 밑바닥에는 '진정성'이 자리하고 있다. 그리고 이 진정성은 자신의 취약성을 완전히 받아들일 때 완성된다. 망토를 두르거나 가면을 쓴 채로는 조직원과 동료의 말을 온전히 받아들이고 공감할 수 없기 때문이다. 남들 앞에서 완벽한 모습을 보이고 뭐든지 척척해내는 리더를 기대했다면 이 책을 읽을 필요가 없다. 우리가 수천 명의 여성 리더를 만나 전수한 지혜는 그런 것이 아니다. 마이크로소프트와 IBM 등 글로벌 기업의 인사 담당자들을 매혹시킨 리더십 프로그램의 핵심은 "자신의 내면을 들여다보고 거기서 발견한 '생각Idea'과 '감정Emotion'을 구성원들에게 진솔하게 공유함으로써 사람과 밀접한 관계를 형성하는 것"이다. 비즈니스 사상가 세스 고딘Seth Godin은 이렇게 말했다.

"당신과 상호작용하는 모든 사람은 영원히 변한다. 이에 대한 단 한 가지 질문은 '그들이 어떻게 달라질 것인가', 그리고 '얼마나 달라질 것인가'이다."

당신이 어느 위치에 있든, 당신이 매일 남들 앞에서 행하는 당신의 모든 일하는 방식은 당신의 삶뿐 아니라 당신이 접촉하는 모든 사람의 삶에도 영향을 미친다. 당신이 무엇을 보여주는지에 따라 당신이 속한 조직의 분위기와 역량과 가능성이 달라진다는 것이다. 리더와 조직은 언제나 공명한다.

조직의 리더들이 가장 흔히 저지르는 실수가 '사자의 갈기털'이다. 그들은 이른 아침부터 회사에 출근해 가장 늦게까지 사무실에 남아 자신의 건재함을 과시한다. 마치 수컷 사자가 가장 좋은 자리에 드러누운 채 갈기털을 휘날리며 존재감을 확인하듯이, 현존하는 조직의 거의 모든 리더가 '완벽주의'라는 갑옷을 두른 채 자신의 강인함과 위력으로 조직원을 압도하려 든다. 우리는 이런 리더십이야말로 리더 당사자와 조직 전체를 후퇴시키는 '불쌍한 존재감'이라고 생각한다.

더 이상 그러지 마라. 그저 자신의 취약한 모습을 용기 있게 받아들이고 그 모습을 남들 앞에 떳떳이 드러낸 뒤 하루하루를 살아가면 된다. 훌륭한 리더십의 가장 중요한 자질은 타인에게 취약성을 드러내고자 하는 의지이며, 조직원의 부족한 점을 있는 그대로 끌어안을 수 있는 포용력이다. 그리고 그들의 '감정'을 섬세하게 읽어낼 수 있는 공감 능력이다. 리더라고 해서 모든 해답을 알고 있어야 하거나, 그런 척을 하며 시간 낭비를 할 필요가 없다. 역사적으로 봐도 위대한 리더들은 오히려 이와 정반대로 살았다.

물론 쉽지 않다는 것을 안다. 사람들은 타인을 볼 때 언제나 가장 먼저 상대의 단점과 약점을 찾아내려고 한다. 반대로 모르는 사람 앞에서는 자신의 약점을 끝까지 들키지 않으려고 안간힘을 쓴다. 또한 타인의 취약성은 용기와 결단의 상징으로 보이지만, 자신의 취약성은 그저 한없이 부끄럽고 수치스럽다. 타인에게 있는 그대로의 모습을 보이는 것은 대단히 어려운 일이다. 하지만 '진짜'가 되려면 용기가 필요하다.

취약하다는 것은 항상 전문가가 되어야 할 필요 없이 언제든 질문할 수 있다는 것을 의미한다. 어려움을 겪을 때 홀로 해결하려고 노력하는 대신 도움을 청할 수 있다는 것을 의미한다. 그리고 문제가 발생했을 때 피드백을 요청하고, 책임감을 가지고 배울 의향이 있다는 것을 의미한다. 자신의 약점과 현재 겪고 있는 어려움을 동료들 앞에 편하게 드러내는 사람을 더욱 가깝게 느낀다는 연구 결과도 있다. 조직 구성원들은 육중한 방패를 내려놓은 사람에게 기꺼이 조언을 제공하고 도움을 아끼지 않는다. '자신감 있는 조직'은 바로 이렇게 만들어진다.

리더가 취약성을 인정하는 순간 조직의 분위기는 180도 변한다. 세계적인 심리학자 브레네 브라운Brene Brown 박사는 '사랑', '소속감', '기쁨', '용기', '공감', '창의성'과 같은 거의 모든 긍정적 감정이 바로 이때 촉발한다고 말한다. 자신이 느끼는 감정을 솔직하게 받아들이고, 타인의 '감정 풍경'에 적절히 대응하고, 이로 인해 발생할 수 있는 불편을 기꺼이 감수할 때 비로소 변화가 시작된다.

혹시 타인에게 자신의 솔직한 감정을 노출한다고 해서 못나 보이거나 열등감을 느낄까 봐 두려운가? 오히려 자신의 한계를 받아들이지 않고 꽁꽁 숨긴 채 거짓된 삶을 이어나가는 것이 더 창피한 일 아닐까? 세스 고딘은 리더가 업무에서 어떠한 불편도 느끼지 않는다면 그 리더는 잠재력을 최대한으로 발휘하지 못하고 있는 것이 확실하다고 말했다.

그렇다면 취약성은 어떻게 드러내는 것일까? 브레네 브라운 박사는 직장에서 자신의 진정한 모습을 남들에게 드러내지 못하도록 방해하는 요소를 찾아내는 일부터 시작하라고 조언한다. 우리를 망설이게 만드는 두려움은 무엇인가? 동료들과의 교감과 공명을 가로막는 보이지 않는 장벽은 무엇인가?

우리는 완벽주의Perfectionism, 지성화Intellectualizing, 냉소주의Cynicism, 무감각Numbing, 자기 통제Self-control라는 갑옷 아래 진정한 자아를 숨기고 있다. 이러한 갑옷이 당신과 조직을 안전하게 지켜준다고 믿는가? 우리는 그렇게 생각하지 않는다. 이것들은 조직원끼리 진정으로 연결되는 것을 가로막고 있으며, 연결에서 파생할 무한한 가능성을 봉쇄하고 있다. 만약 이 갑옷을 잠깐 벗어 내려놓으면 어떻게 될까? 스스로의 감정을 숨긴 채 거짓 연기를 하는 대신, 우리 모두 불완전하지만 분투하고 학습하고 성장함으로써 누구나 인정과 사랑을 받을 자격이 있는 사람들이라는 것을 인정한다면 어떨까? 만약 당신이 이미 이러한 고민에 빠져 있다면, 이는 당신이 현재 리더로서 충분히 잘 해내고 있다는 것을 의미한다. 축하한다!

'리더'와 '리더가 아닌 사람'의 차이는 간단하다. 자신의 불완전함을 내보이는 용기를 갖춘 사람은 리더가 되고, 계속해서 감추는 사람은 추종자가 된다. 당신은 어떤 리더가 될 것인가? 우리가 그동안 만나본 수많은 리더 중 단점이 없는 리더는 한 명도 없었다. 두려워하지 마라. 이제 자신의 취약성을 받아들이고, 조직원들과 온전히 공감할 준비를 마쳤다면, 자신만의 대체 불가능한 강점을 깨워 조직의 성과와 연결하는 구체적인 방법을 알아보자.

[체크 포인트 2]

나는 취약성을 얼마나 잘 받아들이는가

① 당신이 그토록 감추고 싶어 하는 약점은 무엇인가? 이와 관련된 이야기만 나와도 등줄기에 땀이 날 정도로 넌더리를 내는 그 '지점'은 대체 무엇인가? 당신이 도저히 극복할 수 없을 것이라며 좌절하는 취약성은 무엇인가?

② 취약성을 드러내겠다는 당신의 의지는 업무와 인간관계에 어떤 영향을 미칠 것 같은가? 조직원을 리드하는 데 어떤 영향을 끼칠 것이라고 예상하는가?

③ 직장에서 당신이 솔직한 민낯을 내보이지 못하도록 방해하는 장애물은 무엇인가? 당신을 망설이게 하는 두려움의 근원은 무엇인가? 어디에서 더 용감해지고 싶은가? 당신이 민낯을 드러내면서까지 변화를 꾀하는 진짜 이유는 무엇인가?

④ 직장에서 자신의 약점과 결점을 숨기고 싶을 때 당신은 주로 어떤

갑옷을 입는가? 언제부터 그 갑옷을 찾게 되었나? 특별한 계기가 있었는가? 그리고 타인과의 진정성 있는 연결을 가로막는 그 갑옷을 입음으로써 당신이 감수해야 할 손실은 무엇이라고 생각하는가?

⑤ 지금이라도 당장 당신의 진정한 모습을 팀원들에게 드러낼 간단한 방법은 무엇이 있을까? 당신은 다음 팀 미팅에서 그 방법을 실천할 수 있는가? 만약 그러지 못하겠다면 그 이유는 무엇인가? 상사나 부하에게 개별적으로 당신의 취약성을 노출할 구체적인 방법을 최대한 많이 떠올려보자. 그리고 그것을 사무실에 출근해 상황에 맞춰 써먹어라.

⑥ 당신과 당신의 팀원들이 끝까지 감추고자 하는 약점은 무엇인가? 누군가 푹 찌르기만 해도 줄줄 흘러나올 정도로 무르익었지만, 그 누구도 함부로 언급하지 않는 당신 팀의 '역린'은 무엇인가? 팀원들과 마음속 진솔한 이야기를 나누고, 서로의 강점을 온전히 공감한다면 팀의 성과가 얼마나 달라질지 상상해보라.

[체크 포인트 3]

나는 어떤 리더십을 지향하는가

① 현재 당신은 어떤 리더십을 발휘하고 있는가? 당신이 팀을 이끌 때 주로 활용하고 있는 성별 특성을 확인하라.

② 당신은 남성성을 더 많이 갖추고 있는가, 아니면 여성성을 더 장려하고 지향하는가? 여성성과 남성성을 혼합하는 것이 더 나은 리더십을 창출한다는 점에 동의하는가? 서로 다른 두 특성을 혼합하는 데 리더로서 당신이 할 수 있는 일은 무엇인가?

3장

자신감

생각을 행동으로 바꾸기

3장을 시작하며

감수의 글

자신감이란 무엇일까요? 최근 자신감이 높을수록 성공할 확률이 크게 증가한다는 심리학과 뇌과학 연구 결과가 쏟아지고 있습니다. 우리는 '자신감'이라는 단어를 일상에서 매우 자주 사용하지만, 정작 그 뜻이 무엇인지 정확히 아는 사람은 드뭅니다. 그리고 자신감 넘치게 일하려면 대체 어떻게 해야 하는지 진지하게 성찰해볼 기회도 갖지 못했습니다.

대다수의 직장 남성이 자신의 능력과 실적을 과대평가하는 것과 달리, 많은 직장 여성은 아직 자신이 승진할 준비가 되어 있지 않다고 생각합니다. 이탈리아 밀라노대학교 연구팀이 퍼즐 퀴즈 실험으로 입증한 것처럼, 여성은 늘 남성에 비해 자신의 시험 성적이 더 낮을 것이라고 과소평가하는 경향이 있습니다. 이러한 여성과 남성의 자신감 차이는 생물학적·사회학적·심리학적 요인이 복합된 현상이지만, 결과적으로 조직 내에서 여성이 스스로의 존재감을 죽이고 성장하지 못하게 하는 근본적인 원인이 되고 있습니다.

자신감을 높이는 방법은 단순합니다. 자신만의 '강점'을 발견해 이를 적극적으로 업무에 활용하는 것입니다. 개인이 지닌 천부적인 '재능'에 후천적인 '노력'을 더하면 지속적이고 안정적으로 경쟁 우위를 점할 수 있습니다. 그렇다면 나만의 강점은 어떻게 찾을까요? 부록에 나오는 다양한 '강점 탐구 도구'를 활용해 대체 불가능한 자신만의 강점을 찾아보기 바랍니다.

도무지 노력해도 극복할 수 없는 '취약성'이 있다면 이를 이겨내는 가장 쉬운 방법은 그 취약성을 남들 앞에 완전히 노출시키는 것입니다. 우리의 약점은 오히려 타인에게 공감대를 형성하고 신뢰감을 줍니다. 인간은 누구나 강점과 약점을 지니고 있습니다. 완벽주의에 매몰되어 취약성을 자꾸 숨기려고만 한다면 '공감이 이끄는 조직'을 실현할 수 없습니다. 누군가에게 늘 완벽한 모습을 보이려고 억지로 약점을 외면하다간 결국 자신의 자존감과 타인의 신뢰를 무너뜨리게 될 것입니다.

여성성과 남성성이 적절히 균형을 이룬 조직은 완벽주의에서 완전히 벗어나 구성원의 모든 허물을 인정하고 받아들입니다. 그리고 그 솔직함을 딛고 담대하고 유연하게 앞으로 나아갑니다. 이것이 바로 자신감 있는 조직의 진정한 힘입니다.

왜 남자는 언제나 여자보다 성적이 높을까

자신감 조작 실험

단 한 걸음의 차이

자신감은 있을 때도 있고 없을 때도 있다. 침대에서 눈을 뜨자마자 오늘은 무슨 일이든 해낼 수 있을 것 같은 날도 있지만, 또 어떤 날은 아무것도 할 수 없다는 무력감 때문에 한 발자국도 내딛지 못하기도 한다. 우리는 인종과 나이, 성향과 환경을 초월해 매년 수천 명의 일하는 여자를 만나며 그들의 가슴속 깊은 곳에 끔찍하고 단단한 '자기 의심'이 자리하고 있다는 사실을 확인했다.

스스로의 능력을 의심하고, 암울한 미래 때문에 낙담하고, 지금 일하고 있는 방식에 확신하지 못하는 '자기 의심'에 시달리는 여성의 비율은 50퍼센트에 달한다(같은 연구에서 남성 리더의 '자기 의심' 비율은 31퍼센트였다). 직장에서 성공하려면 '능력'보다 '자신감'이 더 중요하다는 심리학 연구 결과가 계속해서 발표되고 있다. 워크숍에 모인 여성들에게 우리는 가장 먼저 인사를 시킨다. 물론 평범한 인사는 아니다. 우리는 참가자들에게 각자의 직장에서 가장 당당하고 요란스럽게 인사를 하는 남자 리더들을 떠올려보라고 주문한다. 그러곤 그들이 하는 방식으로 많은 사람 앞에서 스스로를 소개해보라고 요청한다.

여성 참가자들은 더 이상의 설명을 듣지 않고도 대충 무엇을 하라는 뜻인지 알아듣고는 곧장 행동에 착수한다. 방 안을 빠른 걸음으로 돌아다니며 상대의 손을 꽉 잡거나 어깨와 등을 팡팡 치며 시끄럽게 웃어댄다. 사실 여기까지만 해도 충분하다. 이제 우리는 그동안 남성들이 자신감 넘치게 인사를 건네고 악수를 하고 하나 마나 한 농담을 주고받던 것이 얼마나 우스꽝스러운 짓인지 알게 됐다. 진정한 자신감이 실은 이런 게 아니었음을 우리 모두 깨닫게 되는 것이다. 단언컨대, 자신감의 본질은 위엄을 드러내고, 남 앞에서 포효를 하고, 주눅을 들게 만드는 게 아니다.

이번에는 참가자들에게 각자의 직장에서 가장 자신감 있어

보이는 여성들이 하는 방식으로 인사를 해보라고 제안한다. 이번에도 참가자들은 더 이상의 설명을 듣지 않고도 천천히 방 안을 돌아다니기 시작한다. 이들은 상대의 눈을 들여다보고 대화에 열중하고 열렬히 고개를 끄덕이며 깊이 있고 진지한 질문을 던진다. 다시 자리에 앉아 의견을 나눌 때 거의 모든 참가자가 이렇게 말한다.

"이유는 잘 모르겠지만 왠지 더 따뜻했어요."

이들은 상대방과 더 잘 연결되었다고 고백한다. 하지만 물론 아까보단 더 적은 수의 사람을 만났다는 사실도 인정한다. 한 가지 확실한 것은 남자처럼 인사를 나누는 것과 여자처럼 인사를 나누는 것이 전혀 다른 모습을 보인다는 사실이다.

안타깝게도 많은 여성이 '적극적인 바보'처럼 행동하고, '응당 누려야 할 것'을 달라고 억지를 쓰고, 다른 사람들을 내려다보며 말하고, 자신과 관련 없는 일은 차갑게 무시할 때 비로소 자신감이 생긴다고 믿고 있다. 물론 이러한 행동이 효과를 보일 때도 있지만, 자신감 형성과는 아무런 상관이 없다. 그렇다면 자신감은 어떻게 만들어지는 것일까? 그리고 어떻게 활용되는 것일까?

오래전부터 이 분야를 연구한 과학자들은 자신감이란 '단순히 생각을 행동으로 바꿀 수 있는 능력'이라고 정의했다. 어떤 일에 자신감을 발휘한다는 것은 실패의 가능성이 존재한다는 것을 인정하는 일이며, 나도 모르게 웅얼거리고 사과하고 망설이는 짓을 멈추는 일이다. 자신감이 있으면 세상의 모든 도전을 받아들일 수 있다. 자신감이 없으면? 한 바퀴를 다 돈 상대 선수가 돌아오기만을 출발선에 서서 하염없이 기다려야 한다.

명심할 것이 있다. 자신감은 허세가 아니다. 하지만 남자들은 이미 생각을 행동으로 바꾸는 방법을 터득해 앞으로 치고 나가고 있다. 새로운 도전에 기꺼이 자신의 커리어를 걸고, 더 많은 돈을 당당히 요구하고, 아직 완전한 준비를 갖추지 못했는데도 승진의 기회가 있을 때 당당하게 자신을 내세운다.[1] 남자들보다 더 많은 교육을 받았으면서도 여자들은 늘 뒤에 숨어 자신의 가치를 낮춘다. 연봉 협상에서 남자는 여자보다 평균적으로 네 배 더 자주 연봉 인상을 요구한다.[2] 남자가 1만 달러의 연봉을 올려달라고 할 때 여자는 3000달러만 올려달라고 한다. 놀랍지 않은가? 여자들은 자신의 능력이 완벽하게 갖춰지지 않는 한 승진의 기회가 오더라도 절대 지원하지 않는다.[3] 이 모든 근원에는 무엇이 자리 잡고 있는가? 단 한 걸음의 차이, 바로 '자신감'이다.

여자가 남자보다 더 주저하는 이유

자신감이 생각을 행동으로 바꾸는 정도의 단순한 것이라면, 왜 여자들은 남자들보다 더 자주 망설이며 뒤로 물러서는 것일까? 자신감을 발휘하는 것이 여성에게는 왜 이토록 어렵고 힘든 일일까? 연구자들은 그 이유를 두고 여전히 논쟁 중이다.

첫째, 뇌과학자들은 여자와 남자의 두뇌 구조에서 답을 찾는다. 여성의 두뇌는 남성의 두뇌에 비해 한 번에 30퍼센트 더 많은 신경세포를 활성화시킬 수 있기 때문에 너무 많은 생각을 하게 될 뿐만 아니라 쉴 새 없이 '잔걱정'을 하게 된다는 것이다.[4] 특히, 근심과 후회 따위의 감정을 관장하는 대상회Cingulate Gyrus의 크기도 여자가 남자보다 훨씬 더 크기 때문에[5] 똑같은 실수를 저질러도 더 선명하게 인식하고 더 오래 되새긴다. 따라서 여성들이 승리의 대가를 마다하면서까지 갈등과 위험을 피하려는 것은 당연한 일이다.

둘째, 사회학자들은 여성의 자신감이 부족한 것은 남성과는 다른 '사회화 과정'을 거쳤기 때문이라고 주장한다.[6] 남성성과 여성성이 고착화되는 가장 결정적인 시기는 언제일까? 제도권 학교 교육은 여자에게 '착한 아이처럼 굴고 올바르게 행동하면 보상을 받는 경험'을 반복적이고 체계적으로 각인시킨다.[7] 반대로 남자아이들은 소란을 피우거나 논쟁을 일으켜도 크게 야단

치지 않는다. 여자아이들은 10대가 되면 교내 운동 활동을 그만둘 확률이 남자아이에 비해 여섯 배나 높다.[8] 고등학교 시절 스포츠 활동을 한 학생이 사회에 나가 더 높은 연봉을 받는다는 연구 결과도 있다.[9] 이는 명백한 '사회적 악순환'이다. 집에서는 또 어떤가? 집에서 부모들은 늘 딸에게 "어디 가서 대장 노릇하지 말고 얌전히 굴어라"라고 말한다. 회사에 취직하면 상사들은 여성 직원에게 이런 괴상한 조언을 남발한다.

"너무 착하게 굴면 안 된다. 그렇다고 또 너무 자신만만하게 굴어도 안 되고."

이런 조직에선 중간관리자급 여성이 자신감을 발휘하는 것보다 차라리 홀로 조용히 능력을 키우는 것이 더 속 편하다는 생각을 갖게 된다.

셋째, 심리학자들은 나이를 불문하고 모든 여성의 외모가 자신감을 기르는 데 부정적 영향을 준다는 사실을 발견했다. 과체중인 남성은 힘이 넘치고 당당한 사람으로 포장되지만, 과체중인 여성은 자제력이 부족하고 소심한 사람으로 평가를 받는다.[10] 이런 편견은 남자보다 오히려 여자가 더 심하다. 여성은 남성보다 자신의 외모에 더 인색한 평가를 내린다. 2018년 캐나다에 있는 500인 이상 기업의 여성 임직원 수천 명을 대상으로 한 어느 연구에 따르면, 설문에 참여한 여성 중 단 2퍼센트만이 자신을 아름답다고 여겼다.[11]

어떤 사람은 모르는 문제에는 답조차 적지 않는다

당신은 어떻게 생각하는가? 위에 열거한 것들이 정말 여성의 자신감에 영향을 미친다고 생각하는가? 여성의 두뇌 구조가 남성과 달라서, 학교에서 제대로 된 교육을 받지 못해서, 외모에 대한 주위의 시선에 취약해서 여성이 남성보다 자신감이 부족하다는 데 동의하는가?

이 주장들을 얼마나 신뢰할지는 각자가 판단할 몫이다. 그 대신 우리는 자신감도 결국 개인이 선택할 문제에 불과하다는 것을 여러분에게 설명하고자 한다. 그리고 우리는 이 이야기가 앞에서 나온 뇌과학과 사회학과 심리학이 찾아낸 연구 결과보다 훨씬 더 중요하다고 믿는다. 왜냐하면 '변화'의 당사자인 여성이 통제할 수 있는 이야기이기 때문이다.

이탈리아 밀라노대학교의 심리학과 교수 재커리 에스테스 Zachary Estes는 남녀 대학생 500명에게 대단히 어려운 '3D 공간 퍼즐 퀴즈'를 풀게 했다.[12] 이때 여학생들은 남학생들보다 훨씬 낮은 점수를 기록했다. 여기까지는 놀랍지 않다. 여자가 남자보다 일반적으로 수학을 더 못한다고 하지 않는가(이 우열의 과학적 근거를 따지는 일은 잠시 보류하자). 하지만 이들의 문제 풀이 결과를 검토하자 대단히 흥미로운 사실이 밝혀졌다. 시험에 참여한 여학생 중 95퍼센트 이상이 확실히 알지 못하는 문항에는 아예

답을 적지 않았던 것이다. 그 어떤 답이라도 적었으면 점수가 더 올라갈 수도 있었을 텐데 말이다.

그래서 에스테스 교수 연구팀은 학생들에게 모든 문항에 반드시 답을 달아야 하는 규칙을 추가해 비슷한 문제를 다시 풀게 했다. 결과는 어땠을까? 여학생과 남학생 모두 평균적으로 80퍼센트의 문항에 정답을 적었다. 자신의 생각을 행동으로 바꿨을 뿐인데 전혀 다른 결과가 나온 것이다. 당신은 아직도 여성과 남성이 구조적이고 영구적으로 전혀 다른 능력을 지니고 있다고 믿는가?

연구팀은 학생들에게 추가 테스트를 실시했다. 이번에는 각 문제를 푼 후 자신이 써낸 답에 얼마나 자신이 있는지를 기록하게 했다. 단지 그뿐이었다. 그 '자신감 수치'는 물론 정답 채점과는 아무런 상관이 없었다. 하지만 이 새로운 규칙이 추가되자 여학생들의 평균 정답 비율은 75퍼센트로 떨어졌고 남학생들의 평균 정답 비율은 93퍼센트로 상승했다. '자기 의심'을 한 번 툭 건드리기만 했을 뿐인데, 여자들은 자신의 능력을 과소평가하고 그 잘못된 평가에 자신의 능력을 묶어두었다.

안타깝게도 에스테스 교수의 연구 결과는 분야를 가리지 않고 모든 곳에서 공통적으로 발견된다. 남자들은 자신의 성과를 실제보다 더 좋게 평가하는 반면, 여자들은 자신의 성과를 실제보다 더 엄격하게 평가한다.[13] 남녀 의대생 850명을 대상으로

한 실험에서 여학생은 남학생보다 훨씬 더 높은 시험 점수를 받았음에도 스스로에게 상대적으로 더 낮은 점수를 부여했다.

에스테스 교수는 학생들의 자신감을 처음부터 북돋우면 어떤 결과가 나타날지 보기로 했다. 이전 테스트 결과와 상관없이 무작위로 선발된 남녀 학생들에게 "여러분은 이전 테스트에서 매우 좋은 성적을 거뒀으며 따라서 이번 테스트에 한 번 더 모셨습니다"라고 말해줬다. 의도적으로 자신감을 높여준 결과, 모든 참가자의 점수가 획기적으로 올라갔다. 이 실험에서 남녀 차이는 존재하지 않았다.

여기까지 읽으면서도 아마 당신은 이런 생각을 하고 있을 것이다. '너무 자신만만하게 굴다가 혹시 사기꾼으로 보이지 않을까?' 그런 조심스럽고 사려 깊은 태도를 비난할 생각은 없다. 게다가 적절한 '자기 의심'은 오만과 자만으로 인한 실수를 예방해줄 수 있으니까. 겸손은 이 시대 가장 인기 있는 덕목 중 하나가 아니던가?

핵심은 이것이다. 내면에 존재하는 '자신감'과 '자기 의심'이라는 극단의 감정을 적절히 활용할 줄 알아야 한다는 것이다. 충분히 해낼 수 있는 일에 무기력하고 내성적으로 접근해선 안 된다. 만약 당신이 다음과 같이 행동한다면 진지하게 변화를 모색해야 한다.

- '으, 또 시작이군!' 새로운 도전을 피하려고 늘 방어적이고 비관적으로 행동한다.
- '나는 안 돼!' 언제든 최후의 순간에 써먹을 핑곗거리를 준비해 둔다.
- '이건 내 탓이 아니야! 어쩔 수 없는 일이라고!' 자신이 실패한 이유를 본인에게서 찾지 않고 외부에서 찾는다. 진정으로 노력했는데도 실패했다는 사실을 인정하는 것이 두려워 멀리 달아난다.
- '나는 칭찬을 받을 자격이 없어!' 칭찬을 받는 순간 더 나은 모습을 보여주기 위해 노력해야 하므로, 그 어떤 칭찬도 외면하며 스스로를 고립시킨다.

이 목록을 읽으며 혹시 속으로 '모두 내 얘기잖아!' 하고 외쳤다고 해도 걱정할 필요는 없다. 모든 변화의 시작은 '인지'이다. 우리는 당신이 변하기를 바랄 뿐이다.

인간의 뇌에는 '신경 가소성Neural Lasticity'이라는 성질이 있다. 가소성이란 시간이 지남에 따라 새로운 사고와 행동 패턴에 반응해 변화하는 능력을 뜻한다. 우리는 이러한 뇌의 가소성을 '희망'이라고 부른다. 우리의 자신감도 마찬가지다. 자신감도 연습을 거듭할수록 향상된다.

앞서 우리는 여성의 두뇌가 과도하게 생각하도록 구성되어 있다는 사실을 살펴봤다. 직장에서 일하는 여자들은 실수를 반복해서 곱씹고, 끊임없이 비판에 붙들리고, 작은 도전 앞에서도 최악의 상황을 먼저 상상하고, 간단한 일도 과하게 준비한다. 약점에 대해서는 천만 가지 이유를 대면서도 강점에 대해서는 입도 뻥긋하지 않는다. 그러지 마라. 위축되지 마라. 이 오래된 패턴을 재조정하고, 부정적인 생각에는 과감하게 빨간 줄을 긋는 것이 중요하다. 그저 친구를 대할 때처럼 스스로에게도 약간의 연민과 동정심을 갖고 대화를 시도하자.

행동을 취하는 것만큼 자신감을 길러주는 일은 없다. 특히 그 행동이 위험과 실패를 수반할 때 그렇다. 우리의 생각을 행동으로 바꾼다는 것은 '안전지대Comfort zone'에서 벗어나 스스로를 배움에 노출시킨다는 것을 뜻한다. 때로는 실패가 가장 큰 교훈을 준다는 사실을 잊지 말자. 두려움을 이겨내고 작은 도전을 이어갈 때마다 그 일은 점차 더 쉬워질 것이다. 인간은 그렇게 조금씩 성장한다.[14]

[체크 포인트 4]

나는 자신감이 충분한가

① 당신의 자신감은 어느 정도인가? 출근했을 때 기분은 어떤가? 무료 설문조사(confidencecodegirls.com/quiz/)에 참여해 자세히 알아보라.

② 당신이 가장 자랑스럽게 여기는 성과는 무엇인가? 당신의 상사, 동료, 고객이 당신의 강점에 대해 아는 것은 무엇인가? 그들은 당신이 어떤 강점을 지닌 사람이라고 생각하는가? 이에 대해 고민해본 적이 있긴 한가? 당신이 없는 자리에서 동료들이 당신을 높게 평가하는 모습을 최대한 생생하게 상상하라. 그리고 그것을 묘사하라. 당신은 그들이 언급하는 강점을 자신감과 어떻게 연결할 것인가?

③ 꿈에 그리는 진정한 자신감을 얻기 위해 향후 1~2일 내로 실천할 수 있는 행동은 무엇인가? 당신은 그 행동을 실천할 용기가 있는가? 만약 당신이 그런 행동을 한다면 동료들은 어떻게 반응할까? 그들의 반응을 인정하고 수용할 준비가 되어 있는가? 더 나아가, 그 행동을 앞으로 1~2년간 꾸준히 반복할 각오가 되어 있는가?

④ 앞으로 수개월간 직장에서 자신감을 충만히 느낄 수 있다면, 팀원들로부터 지속적인 격려와 인정을 받을 수 있다면 당신의 커리어는 어떻게 변할까? 그리고 어떤 일이 가능해질까?

대체 불가능한 강점은 어디에 잠들어 있는가

평생 약점만 고치다 끝나는 사람

손에 펜을 쥐고 이름을 써보자. 오른손잡이라면 오른손으로 쓰고, 왼손잡이라면 왼손으로 써라. 다 적었으면 이번에는 잘 사용하지 않는 다른 손으로 이름을 써보자. 양손잡이가 아니라면, 평소 자주 쓰는 손으로 이름을 적는 것이 훨씬 더 쉬웠을 것이다. 너무 열심히 생각하지 않고 많은 노력을 들이지 않고도 상당히 만족스러운 결과를 얻었을 것이다. 하지만 학교에서 처음 이름 쓰는 법을 배우던 때를 돌이켜보면 그때는 이름 쓰기가 그리 쉬운 일은 아니었을 것이다.

인간의 두뇌는 새로운 행동을 할 때마다 '뉴런'이라는 세포를 마구 쏟아낸다. 이 세포들은 서로 불을 밝히고 대화를 나누며 머릿속에서 벌어지고 있는 모든 일을 제어하기 위해 동분서주한다. 물론 손으로 이름을 적을 때에도 같은 일이 벌어진다. 이름을 적는 일은 일상에서 대단히 빈번하게 일어나는 행동이므로, 뉴런들은 다음에 또 이름을 쓸 때 더 효율적이고 효과적으로 움직이도록 서로의 신경 회로를 연결해놓는다. 이런 과정이 점차 반복되면 당신은 왼손보다 오른손으로 이름을 적는 것을, 혹은 오른손보다 왼손으로 이름을 적는 것을 훨씬 더 편하게 느낄 것이다. '강점'이란 바로 이런 방식으로 개발되는 것이다.

자주 쓰지 않는 손으로 이름을 쓸 때에는 시간이 좀 더 오래 걸리고, 더 많은 집중력과 노력이 필요하다. 결과도 만족스럽지 않다. 이는 그 행동을 뒷받침하는 신경 회로가 아직 만들어지지 않았기 때문이다. 우리는 이를 '약점'이라고 부른다. 강점과 약점이 만들어지는 원리는 앞서 우리가 설명한 뇌의 신경 가소성의 가장 대표적인 사례다. 그리고 신경과학자들은 두뇌의 자연적인 신경 가소성 덕분에 얼마든지 약점을 강점으로 바꿀 수 있다고 말한다. 진취적인 과학자들은 여기서 더 나아가 취약한 분야를 8000시간에서 1만 시간 정도 연습하면 뉴런의 신경 회로를 단단하게 연결시킬 수 있다고 주장한다.[15] 만약 당신이 어떤 약점 때문에 고민하고 있다면, 8년간 하루도 빠지지 않고 매일 3~4시간씩 연습하면 된다.

그러나 능숙한 오른손을 놔두고 어설픈 왼손으로 일부러 글자를 적는 사람은 아무도 없다. 그럼에도 불구하고 생각보다 많은 사람이 회사에서 일을 하거나 주변 사람들과 관계를 맺을 때는 자신의 탁월한 강점은 놔두고 언제나 약점에만 연연한다. 특히 수많은 여성이 자신과 함께 일하는 남성 동료의 강점을 부러워하며 자신만이 지닌 소중한 차별점을 꽁꽁 숨긴다. 조직의 리더 중 대다수 역시 부하 여성 중간관리자가 지닌 다양성을 활용하기보다는 오히려 남들보다 뒤처지는 부분을 개선해 남성적 자질로 바꾸라는 요구를 한다. 몇몇 연구에 따르면 대부분의 직장에서 사람들은 약점을 고치는 데 약 80퍼센트의 시간을 할애하고, 강점을 기르는 데는 20퍼센트의 시간만 투입한다고 한다.[16] 과연 이것이 개인과 조직의 능력을 개발하는 최선의 방법일까?

물론 자신의 약점을 완전히 무시해도 된다는 말은 아니다. 우리가 이 책에서 끊임없이 강조하는 '진정성'은 강점과 약점 사이에 있는 자신의 모든 면모를 솔직하게 파악하는 데서 출발한다. 그러나 안타깝게도 직장 생활을 마칠 때까지 자신의 강점을 파악하지 못하고 무대에서 퇴장하는 여성이 너무나 많다.[17] 우리는 지난 수십 년간 그런 안타까운 모습을 숱하게 목격했다.

이들은 스스로의 약점은 술술 나열하는 반면, 남들보다 뛰어난 강점을 세 가지만 대보라고 하면 무척 난처한 표정을 짓는다.

물론 직장에서 자신의 강점을 충분히 사용하지 못할 가능성도 있다. 쓸모없는 일에 휩싸여 정작 자신이 진짜로 잘할 수 있는 일은 구경도 못 하는 경우가 훨씬 많을 것이다. 하지만 어쩌면 당신은 의도적으로 자신의 강점을 사용하지 않고 있는지도 모른다. 이미 버스가 몇 번 당신 앞을 지나쳐 갔지만 '생각을 행동으로 바꾸는 힘'인 자신감이 부족해 눈을 질끈 감고 속으로 이렇게 되뇌었을 수도 있다.

'나는 아직 준비가 안 됐어. 내가 지닌 약점을 다 이어 붙이면 지구를 두 바퀴도 더 돌 수 있을걸? 조금만 더 기다렸다가 다음 버스를 타야지….'

이렇게 생각하면서 오늘도 어제와 똑같은 일을 반복한다. 아마 내일도, 모레도 이런 상황은 달라지지 않을 것이다.

나의 강점을 일터에 연결하기

다행히도 무의식에 잠자고 있는 잠재력과 강점을 찾아주는 강력한 자가 진단 프로그램이 많이 개발되고 있다.[18] 자신이 가장 잘할 수 있는 것, 즉 '재능'을 이해하고 싶다면 갤럽의 '스트렝스 파인더'[19]를 추천한다. 또는 성격의 강점을 확실하게 알아보고 싶다면 이른바 '강점 검사'라고 불리는 'VIA 서베이'[20]를 활용할 수도 있다(VIA 서베이를 체계적으로 활용하는 방법은 '부록 2'에 자세히 나와 있다).

이 중에서 'VIA 서베이'는 LLAW 프로그램이 공식적으로 채택하는 자가 진단 프로그램이다. 'VIA 서베이'는 동서양의 철학과 종교 이론을 탐구하여 인간의 보편적 자질 수십 가지를 추출한 뒤 이를 현대 문명에 적용해 측정 가능한 수치로 환산해낸 대단히 정교한 진단 키트다. 이 방대한 설문 자료를 개발하기 위해 55명의 사회과학자들이 3년간 연구했다. 대표적인 성격 항목으로는 '열정', '호기심', '유머', '용기', '창의력' 등이 있다.

직장에서 '호기심'이나 '유머' 같은 자신의 강점을 어떻게 활용할 수 있을까? 다양한 성격을 자신의 업무에서 어떻게 드러낼지 고민하는 사람이 있을 것이다. 우리는 당신에게 그동안 추진했던 업무 중 마음 깊숙한 곳에서 우러나오는 진정한 활력을 느낀 순간과 그 일을 즐긴 가장 최근의 순간을 되돌아보라고 권하고 싶다. 직장에서 자신에게 무슨 일이 일어났는지, 어떤 종류의 일을 하고 있었는지, 사람들이 당신을 어떻게 생각했는지, 그리고 그 결과 무엇을 달성할 수 있었는지 등을 자신의 입으로 설명하기 시작하면, 자신이 맡은 업무에서 강점들이 어떻게 활용되는지 좀 더 쉽게 파악할 수 있다.

LLAW 프로그램에서도 우리는 참가자들에게 동일한 질문을 던진 뒤, 이번에는 '강점 때문에 일터에서 곤경에 빠진 적이 있었는지'를 물어본다. 그러면 강의실 이곳저곳에서 사람들이 느릿느릿 손을 들기 시작한다. 이때 가장 먼저 손을 들어 올리는 사람들은 '정직'을 강점으로 갖춘 이들이다. 그다음 손을 드는 사람들은 누구일까? '유머'가 강점인 사람들이다. 이들은 좋지 않은 타이밍에 농담을 했던 경험을 이야기한다. 마지막으로 '친절'과 '사랑'을 강점으로 지닌 사람들은 자신을 위한 것을 전혀 남기지 않고 다른 사람들에게 무엇이든 나눠주고 또 나눠준다고 수줍게 고백한다.

중요한 것은, 모두가 때로는 자신의 강점을 지나치게 사용한다는 것이다. 이런 일은 여자들 사이에서 더 빈번하게 벌어진다. 최선을 다했지만 기대에 못 미치는 성과를 거뒀을 때, 며칠 야근을 하며 열성적으로 업무를 추진했지만 아무도 관심을 주지 않았을 때 여자들은 스스로를 더 몰아붙인다.

'아직 내가 최선을 다하지 않았기 때문이야. 나의 진가를 사람들에게 충분히 보여주지 못했다고!'

누가 시키지도 않았는데 자꾸만 스스로를 '번아웃'으로 몰아붙이는 이유는 무엇일까? 수천 명의 중간관리자급 여성 리더를 인터뷰한 결과 우리가 알아낸 사실은 매우 단순하다. 이런 초조함과 열등감을 생성하는 원인 중 90퍼센트 이상은 바로 '약점에 대한 타인의 지적과 충고'였다. 지금 이 순간에도 세상의 수많은 직장인 여성이 자신의 부족함을 애써 감추기 위해 모든 일에 필요 이상으로 무리하게 나서고 있다.

미셸은 지난 5년간 세 명의 서로 다른 상사에게 동일한 지적을 받았다.

"자네는 늘 탁월하게 일하지만 때로는 너무 많이, 너무 빨리 가고 있어."

이게 무슨 소린가? 당연히 모든 사람이 일을 더 훌륭히, 더 빨리 해내야 하는 것 아닌가? 사실 미셸은 이 피드백을 어떻게 받아들여야 할지 몰랐다. 마치 자전거를 너무 천천히 타면 넘어지고 마는 것처럼, 미셸은 도무지 자전거 바퀴를 천천히 돌리는 방법을 알지 못했다.

미셸은 첫 'VIA 서베이'를 마친 뒤 자신의 최대 강점이 '제스트zest', 즉 '열정'이라는 것을 깨달았다. 미셸은 언제나 시속 160킬로로 질주할 정도로 기운차고 왕성하게 업무를 추진했으며, 이 과정에서 때로는 팀원들의 보폭보다 한참 멀리 내달렸고 의도하진 않았지만 종종 사내 승인 절차를 어기거나 팀 내 갈등을 야기했다. 우리는 자신의 강점이 때로는 다른 사람들과 충돌하기도 한다는 사실을 인지해야 한다.

미셸은 사내에서 보수적이기로 유명한 어느 남성 리더와 함께 프로젝트를 진행했다. 처음엔 합이 잘 맞았지만 시간이 흐를수록 회의 시간은 길어졌고 미셸이 제안한 아이디어는 연달아 배제되었다. 둘 사이의 관계가 점점 더 어색해지자 미셸은 이 남자의 강점을 찾으려고 필사적으로 노력했다. 미셸이 그의 강점을 찾아내는 데는 그리 오래 걸리지 않았다. 일정을 엄격히 준수하고, 예산의 균형을 맞추고, 프로젝트 내 중요한 이정표를 세우는 것이 그가 가장 중요하게 생각하는 원칙이었다. 그가 지닌 최고의 강점은 바로 '신중함'이었다. 미셸의 강점인 '창의성'과 정확히 배치되는 자질이었다.

그러자 모든 것이 이해되기 시작했다. '창의성'이라는 미셸의 강점과 '신중함'이라는 리더의 강점은 프로젝트 내에서 반복해서 충돌하고 있었다. 미셸이 제안하는 새로운 아이디어가 리더에게는 잘 굴러가고 있는 프로젝트의 계획을 유지하는 데 방해가 될 잠재적인 위협으로 보였다. 알고 보니 리더는 까다로운 사람처럼 구는 게 아니라 자신의 강점을 살려 일했을 뿐이었다. 서로의 강점이 어떻게 충돌하는지 알게 되자 미셸은 리더에게 품었던 개인적인 악감정을 거둬들였고, 그가 지향하는 목표를 존중해주었다. 그렇다고 해서 미셸이 자신의 아이디어를 완전히 포기한 것은 당연히 아니었다. 미셸은 공동의 프로젝트를 혼란에 빠뜨리지 않으면서도 자신의 아이디어가 수용될 수 있는 방향으로 적절히 조정하는 능력을 기르고자 더 노력했다.

우리의 조언은 간단하다. 직장에서 무턱대고 더 많이 하려고 노력하지 말라는 것이다. 진정으로 자신감을 느끼고 싶다면 강점을 지능적으로 활용하라. 당신의 강점이 조직 안에서 어떻게 한데 어우러지는지 점검하라. 그리고 그 강점이 다른 사람들의 강점과 어떻게 충돌하는지 확인하라.

우리 모두에겐 자신만의 '프레즌스'가 있다

하지만 이런 기능적 조언만으로는 자신의 강점을 찾아내기에 충분하지 않을 것이다. 우리가 가장 존경하는 세계적인 심리학자 에이미 커디는, 자아의 핵심으로 들어가 자신의 진정한 강점을 찾아내는 최고의 방법으로 '프레즌스'를 소개한다. 프레즌스는 오만하지 않은 자신감이며, 두려움을 마주할 때 더욱 선명하게 나타나는 용기이며, 내면의 모든 강점이 자연스럽고 완전하게 연결된 상태 그 자체다.

> 프레즌스는 자신의 생각, 느낌, 가치, 가능성을 편안하게 표현할 수 있으며 그렇게 하는 것에 익숙한 상태를 뜻한다. 프레즌스는 스스로를 매우 강하다고 인정하고 존중하는 감각 그 자체이며, 주목받지 않을 수 없는 사람으로 만드는 충만한 자신감이다. 프레즌스를 장착하면 더 이상 스스로와 싸우지 않고도 언제나 최고의 자신감

을 발휘할 수 있다.

프레즌스는 스트레스를 주는 상황에서도 불안이나 두려움이 온몸의 감각을 지배하지 못하도록 방어해주는 '정신적 면역력'이자, 실패를 겪고 나서도 섣불리 후회와 의심에 빠져들지 않게 하는 강력한 '회복 탄력성'이다. 수십 년간 인간의 자신감이 삶을 어떻게 바꾸는지 연구해온 에이미 커디 교수가 우리에게 전하는 가장 반가운 소식은 모든 사람이 프레즌스를 지니고 있다는 것이다. 다만, 삶의 중요한 순간에 프레즌스를 어떻게 불러내야 하는지를 대다수의 여성이 아직 잘 알지 못한다.

조직행동 이론 전문가 로라 모건 로버츠Laura Morgan Roberts 교수는 이러한 문제를 극복하기 위한 대안으로 스스로에게 몇 가지 질문을 던질 것을 권한다. 잠시 겸손은 접어두고 아래 질문에 솔직하게 답해보자.

- 당신은 직장에서 일하는 자신의 모습에 대해 평소 다른 사람들에게 어떻게 이야기하는가?
- 누군가에게 '일하는 당신'을 설명할 때 가장 핵심적인 키워드 세 가지는 무엇인가?
- 일터에서 겪은 일 중 당신을 가장 행복하게 했던 일은 무엇인가? 당신이 최고의 성과를 달성했던 일은 무엇인가?

- 직장에서 당신이 최고의 성과를 거두는 데 가장 큰 도움을 준 태도, 신념, 습관은 무엇인가?
- 직장에서 당신이 최고의 성과를 거두는 데 가장 방해되는 태도, 신념, 습관은 무엇인가?
- 직장에서 동료들에게 좀 더 존재감을 드러내려면 구체적으로 어떤 행동을 꾸준히 반복해야 하는가?

미셸은 자신의 강점과 프레즌스를 깨닫자 자신이 사람보다는 업무에 더 집중하는 리더라는 사실을 인정할 수 있을 정도로 '심리적 안정감'을 느끼게 되었다. 그는 주위 사람들을 조율하는 것보다 작업을 완벽하게 끝내는 것에 더 탁월함을 보였다. 이는 미셸이 사내 리더 역량 평가에서 높은 점수를 받는 데 매우 중요한 자산이 되었다. 하지만 부하 직원들의 능력을 지속적으로 끌어내는 데 한계가 있다는 점은 미셸의 더 높은 도약을 가로막는 장애물이 되었다. 이에 미셸은 타인을 돌보는 데 탁월한 능력을 지닌 대리인을 찾는 것이 단기적으로 최선의 방법이라고 판단하고, 자신에게 부족한 능력을 보강할 인력을 충원해 달라고 상급 부서에 솔직하게 요구했다. 이 전략 덕분에 미셸은 한동안 팀원들을 효과적으로 관리할 수 있었다. 하지만 미셸은 이것이 장기적으로는 자신에게 결코 생산적이지 않은 미봉책이라는 것을 깨달았고, 결국 약점을 보완하기 위해 지난 8년간 꾸준히 훈련하고 공부했다. 이제 미셸의 'VIA 서베이' 설문지에서 '사랑'이라는 강점은 전체 순위 중 1위로 올라섰다(8년 전의 테스트에서는 고작 20위였다).

[체크 포인트 5]

나의 강점은 내 일과 충분히 연결되어 있는가

① VIA 서베이를 진행한 뒤 그 결과를 보고 이 질문에 답하라. 응답 결과에 적힌 몇몇 강점에 대해 당신은 동의하는가? 예상과 전혀 다른 결과가 나와 고민이 더 깊어졌는가? 이제 당신이 해야 할 일은 아직 직장에서 제대로 활용하지 않고 있는 당신의 '소외된 강점'을 제대로 활용하는 방법을 찾는 것이다.

② 결과에 나타난 강점이 전혀 당신의 것으로 느껴지지 않는가? 그렇다면 당신을 잘 아는 동료, 친구 또는 가족에게 연락해 그들이 생각하는 당신의 강점에 대해 물어라. 그들의 피드백을 활용해 스스로에게 가장 정확한 평가를 내려라.

③ 준비가 되었을 때, 기억에 남고 눈에 띄는 몇 가지 중요한 순간들을 떠올려보라. 당신이 진정으로 직장에서 몰입하고, 활기를 띠고, 즐기면서 일하던 순간들을 말이다. 그때 당신의 역할은 무엇이었는가? 기분은 어땠는가? 그 순간이 이토록 기억에 남는 이유는 무엇인가? 그때

당신이 지닌 강점 중 어떤 강점을 활용하였는가?

④ 이번에는 자신감이 부족하거나, 실패를 두려워하거나, 너무 오랫동안 미룬 탓에 직장에서 기회를 놓쳤던 순간들을 생각해보라. 그때 정확히 무슨 일이 벌어지고 있었는가? 당신은 무슨 일을 하고 있었는가? 눈앞에서 기회를 놓쳤을 때 기분이 어땠는가? 혹시 당신은 강점을 너무 지나치게 사용하거나, 덜 사용하지는 않았는가?

⑤ 최선을 다했음에도 불구하고 누군가와 함께 일하는 게 무척 힘들었던 순간을 떠올려보라. 어떤 사람이 떠오르는가? 그들이 어떤 강점을 활용하고 있었다고 생각하는가? 그들의 강점이 당신의 강점과 어떻게 충돌했던 것일까? 그들과의 관계를 어떻게 개선시킬 수 있었을까? 그런 갈등에서 당신이 얻은 교훈은 무엇인가?

우리는
조금 덜 생각해야 한다

"이 사람들은 대체 날 왜 뽑았지?"

언제나 완벽한 모습을 보여주고 싶은 마음은 충분히 이해한다. 실제로 이러한 '불가능을 향한 도전'은 지난 수년간 당신을 보호해주고 더 나은 사람이 되기 위한 정신적 연료가 되어주었을 것이다. 그러나 한편으로는 스스로를 착취하고, 불필요한 감정 소모를 일으켰을 것이다. 당신은 계속해서 이 자기 파괴적인 행동을 반복할 것인가? 우리가 지금 당장 해야 할 일은 '조금 덜 생각하는 것'이다. 구체적으로 어떻게 해야 할까?

펜실베이니아대학교 긍정심리학센터Positive Psychology Center의 책임 연구자 캐런 리에비치Karen Rievich 박사는 상황이 안 좋게 돌아갈 때 사람들이 주로 어떤 패턴으로 이야기하는지를 찾아냈다.[21] 당신도 이런 말을 한 번 이상 들어봤을 것이다.

"나는 충분히 잘하지 못해."

"나는 사람들을 실망시키고 있어."

"아, 그렇게 하지 말았어야 했는데."

"내 능력 밖의 일이야."

"나는 사기꾼이야."

"나는 부당한 일을 겪게 될 거야."

"그건 불공평해."

"나는 완전히 패배자야."

"모두 내 탓이야."

이 모든 말은 우리를 슬프게 하고 무기력하게 만든다.

메건은 34세라는 젊은 나이에 세계에서 가장 큰 IT 기업 중 한 곳인 IBM에 입사했다. 그것도 엄청나게 높은 고위직 관리자 자리였다. 이때 메건의 내면에서 우렁차게 흘러나온 목소리는 이것이었다.

'와, 이 사람들은 무슨 생각이지? 왜 나한테 이렇게 중요한 일을 맡기는 걸까? 자기들이 끔찍한 실수를 저질렀다는 것을 깨닫는 데 얼마나 걸릴지 궁금하네. 분명 끝이 좋지는 않을 거야. 차라리 이런 일이 벌어지지 않았다면 더 좋았을 텐데!'

워크숍을 진행할 때마다 우리는 '모성애'와 '커리어'를 저울질하며 죄책감을 느끼는 여성의 이야기를 자주 듣는다.

"저는 끔찍한 엄마이자 나쁜 동료예요. 전 둘 중 하나도 잘할 능력이 없어요. 그래서 저는 늘 남들보다 일찍 출근해서 더 늦게 퇴근하려고 노력해요. 그렇게라도 하지 않으면 사무실에서 제 존재감이 사라질까 봐 두려워요. 그래서 너무 힘들어요."

연구에 따르면 남녀 모두 속으로는 이런 생각을 갖고 있지만, 남자보다 여자가 훨씬 더 스스로에 대해 비판적이다.[22] 앞에서 언급했듯이 여성의 두뇌가 더 많이 생각하고 더 많이 걱정하기 때문이다. 게다가 여자들은 언제나 갈등을 피하기 위해 최선을 다한다.

우리는 여기서 당신에게 뇌과학자들이 밝혀낸 반가운 소식을 전하고자 한다. 우리 뇌에는 초당 1100만 개가 넘는 무수한 정보가 입력되지만 실제로 뇌가 이해하는 정보는 그중에서 초당 '40비트'에 해당하는 정보뿐이다.[23] 이는 전체 입력 데이터 중 1퍼센트도 되지 않는 양이다. 즉, 우리가 듣는 외부 정보 중 대다수가 의식의 영역에 닿기도 전에 공기 중에 사라진다는 뜻이며, 이는 우리의 뇌가 그만큼 정확한 판단을 내릴 수 없다는 결정적 증거이기도 하다. 따라서 어쩌면 우리는 정말로 중요한 정보를 간과하면서도, 한편으로는 마치 세상의 모든 원리를 이해한 사람처럼 살아가고 있는지도 모른다. 이렇게 중얼거리면서 말이다.

"세상에는 나보다 훨씬 뛰어난 사람이 많다는 사실을 잘 알고 있지. 그래서 나는 여기에서 단 한 발자국도 움직이지 않을 거야."

연구자들은 스스로 자존감을 무너뜨리고 자신감을 훼손하는 말 중얼거리게 될 때, 다음과 같은 질문을 스스로에게 던짐으로써 위기를 극복하라고 조언한다.

'방금 내가 한 이 말이 사실인가?'

'내가 정한 그 결론이 유일한 대안인가?'

메건은 엄청나게 높은 고위직 관리자 자리를 눈앞에 두고도 '나는 충분히 잘하지 못해'라는 내면의 목소리 때문에 두 번 다시 없을 기회를 걷어차고 멀리 달아날 뻔했다. 하지만 메건은 잠시 멈춰 다음과 같이 생각했다.

'내게 이 직책을 제안한 사람들은 세계에서 가장 존경을 받는 비즈니스 리더들이다. 그중 한 명은 수년간 나의 관리자로 일한 사람이다. 그러니 나조차도 알지 못하는 나의 무언가를 그들은 보고 있는 것인지도 모르며, 내가 적응하고 성과를 낼 때까지 충분한 시간을 줄 것이다. 따라서 내가 이 일을 맡아야 할 이유는 차고 넘친다!'

내면의 두려움과 의심에 맞설 때 가장 중요한 것은 '꾸며낸 이야기로 스스로를 속이지 말아야 한다'는 것이다. 바로 이때 스스로를 객관적으로 바라보는 데 익숙한 여성의 자질이 빛을 발한다. 그 덕분에 메건은 성공을 위해 자신감을 갖고 새로운 직책을 맡는 데 필요한 역량을 미리 개발할 수 있었고, 새로운 동료 그룹과 팀의 지지를 얻으며 '진정성 리더십'을 통해 그 엄청난 직책을 성공적으로 수행했다.

'나는 지금 이대로도 꽤 괜찮은 사람이야'

절친한 친구가 괴로움에 빠져 있다고 가정해보자. 당신이라면 그때 어떻게 위로해줄 것인가?

'많이 힘들구나. 네가 힘드니 내 마음도 아프구나. 내가 당장 도움을 줄 수는 없겠지만 네가 괜찮아질 때까지 항상 옆에 있을게. 너는 꽤 괜찮은 사람이니까 금방 일어설 거야.'

어쩌면 절친한 친구가 아주 나쁜 일을 저질렀거나, 혹은 명백한 실수를 해서 곤란에 빠진 것일 수도 있다. 하지만 잘잘못에 대한 '평가'는 나중의 일이다. 지금은 일단 무기력에 빠진 사람을 일으켜 세워야 한다.

심리학자 크리스틴 네프Kristin Neff 박사는 이러한 '구조자의 태도'를 타인이 아닌 스스로에게 적용하는 기술을 '자기 연민Self-Compassion'이라고 부른다. 당신도 당신이 친구에게 보여주는 친절, 격려, 지지, 위로를 받을 자격이 있는 사람 아닌가?

'자기 연민'은 무턱대고 스스로를 용서하고 격려하는 것이 아니라 자신만의 제한된 방식으로 스스로를 최악의 상황에서 구출하고 보호하는 '심리적 방어 전략'을 뜻한다. 냉정한 완벽주의는 작은 실수와 실패조차 용납하지 못하고 마치 사자처럼 스스로를 할퀴고 물어뜯는다. 더 나아지려는 우리의 시도에 대해 지나치게 비판적이고 불필요하게 가혹하다. 네프 박사는 이러한 맹렬한 내면의 목소리를 잠재우고 그 자리에 자기 연민의 목소리를 놓을 것을 주문한다. 완벽주의자의 목소리는 주로 진실이 아닌 우리가 가장 두려워하는 것들에 대해서만 이야기하기 때문이다. 이런 전환을 통해 우리는 스트레스와 불안을 줄일 수 있다.

자기 연민의 목소리는 우리에게 이렇게 묻는다.

"그런데 그 이야기가 정말 사실이니?"

이 질문은 자연스럽게 대안을 찾게 하고 더 이상 실패의 두려움에 떨지 않도록 도와준다. 우리가 당당하게 앞으로 나아가도록 뒤에서 밀어주고, 일이 계획대로 되지 않을 때는 그저 배움의 과정일 뿐이라고 다독여준다.

크리스틴 네프 박사는 직장에서 자기 연민의 목소리를 소환하는 방법을 이론적으로 체계화했다. 박사가 제안하는 다음의 질문에 답하며 스스로를 용서하는 연습을 해보자.

- 직장에서 망설였거나 머뭇거렸거나 자신의 생각을 있는 그대로 드러내지 못했던 순간을 생각해보자. 그리고 당시 직면했던 어려움을 최대한 객관적으로 묘사해보자.
- 어려움에 처할 때 반복해서 들리는 목소리가 있는가? 그 목소리가 당신의 과거 또는 현재에 특히 비판적이었거나 비판적인 사람을 상기시키는가? 그 이야기들은 어떤 감정을 일으키는가? 그러한 감정은 당신의 행동에 어떤 영향을 미치는가?
- 만약 당신을 진심으로 배려하고 당신에게 안전하다는 느낌을 주는 사람이 그 순간에 당신이 스스로에게 한 말을 들었다면 어떻게 반응했을 것 같은가? 그들은 당신의 걱정에 어떻게 공감해줬을까? 당신이 다른 적절한 대안을 찾는 일을 어떻게 도와줬을까? 그들의 격려를 들은 후 당신은 어떻게 느끼고 행동했을까?
- 당신이 스스로에게 말한 이야기와 타인이 당신에게 말한 이야기에는 어떤 차이가 있는가? 그렇다면 그 이유는 무엇인가? 당신이 스스로를 대하는 방식과 타인이 당신을 대하는 방식은 왜

다른가? 그 근본적 원인은 무엇인가? 어떻게 하면 타인이 당신을 대하듯 좀 더 관대하고 친절하게 스스로를 대하게 될까?

스스로에게 친절할 순간은 스스로 결정하라

자기 연민을 통해 내면의 가혹한 목소리에 도전하려면 연습을 해야 한다. 대다수의 사람은 평생에 걸쳐 스스로를 가혹하게 몰아붙이는 법만 배운다. 집에서, 학교에서, 직장에서 만나는 모든 사람이 '남에겐 관대하고 자신에겐 가혹하게' 대하라고 가르친다. 이 가르침은 사회화를 거치며 두뇌 깊숙이 연결되어 자기 착취를 반복하도록 무의식적으로 조정한다. 따라서 친절한 목소리를 되찾는 데에는 수년이 걸릴 수도 있다.

그래서 우리는 이 못된 내면의 목소리를 몰아내고 상냥한 내면의 목소리를 불러내는 연습을 개발했다.

만약 회의나 발표 등 아주 중요한 순간에 내면에서 부정적인 목소리가 들려온다면 그 목소리를 곱게 접어서 뒷주머니에 넣는 상상을 하라. 일단 그 목소리를 온전히 인정한 다음, 그것을 상자 안에 넣어두고 리본으로 꼼꼼하게 포장하라. 이런 상상을 반복하다 보면 아무리 험악한 소리가 들리더라도 침착하게 그것들을 의식 저편으로 내몰 수 있다.

다양한 분야에서 일하고 있는 경력직 여성들이 저마다의 방식으로 우수한 포트폴리오를 구축하고 있지만 때로는 빠듯한 일정에 쫓겨 우선순위를 결정해야 하는 순간에 맞닥뜨리기도 한다. 그때 우리 내면에선 '못된 여자애'의 목소리가 어김없이 튀어나와 이렇게 소리친다.

'너는 충분한 실력이 없다고 내가 말했지? 그러니 누가 그렇게 많은 일을 맡으래? 이 책임감도 없는 사람! 넌 이제 실패할 준비나 해! 네가 이 모든 것을 완벽히 해낼 방법은 없다고.'

하지만 LLAW 프로그램에 수년째 참여하고 있는 여성 리더들은 이러한 목소리가 들려도 크게 동요하지 않고 평소 연습한 대로 생각한다. 두려움에 짓눌려 탈선하지 않고 차분하고 침착하게 다시 일로 복귀한다. 이러한 '자기 연민' 프로세스는 단순히 긍정적 확신이라기보다는 스스로에게 친절해야 할 순간이 언제인지를 미리 정해두는 것에 가깝다. 최악의 순간이 닥치더라도 '자신이 꽤 훌륭하고 괜찮은 사람'이라는 부인할 수 없는 진실을 잊지 마라. 따라서 우리는 언제나 그 영광의 순간을 떠올려야 한다.

- 당신을 진심으로 좋아하는 사람, 함께 있으면 안전하다고 느껴지는 사람과 이야기하는 모습을 상상해보라. 당신이 압박을 받고 있거나 좌절하거나 실패할 때, 그들은 당신이 지닌 최고의 자

질이 무엇이라고 말할까? 그것들을 의식의 흐름에 따라 적어라. 적어도 10개 이상은 적어야 한다.

- 겸손은 잠시 제쳐두고, 이 목록을 보며 그 내용에 담긴 진실을 볼 수 있는가? 당신의 좋은 친구는 왜 이러한 긍정적 자질들이 당신 안에 있다고 생각했을까? 그 증거는 무엇인가? 각각의 강점을 당신이 언제 어디서 선보였는지 사례를 그 옆에 써라.
- 이런 수많은 긍정적 자질을 친구가 직접 당신의 귀에 속삭여주기를 기다렸던 적이 있는가? 어떤 순간인가? 머릿속에 가장 먼저 떠오른 것들을 적어라.

우리는 여성이 좁은 길에서 벗어나고, 자신이 더 잘할 수 있는 일을 찾아내고, 삶을 가볍게 유지하도록 도와주는 열쇠가 '생각을 덜 하는 것'이라고 확신한다. 이는 하룻밤 사이에 해결할 수 있는 문제는 아니지만, 꾸준히 반복해서 연습한다면 누구나 해낼 수 있는 일이라고 믿는다. 우리는 LLAW 프로그램을 진행하며 이런 변화를 수도 없이 목격했다.

완벽주의는 성공의 열쇠가 아니라는 것이 밝혀졌다. 연구에 따르면 완벽주의는 성취를 방해하며 우울, 불안, 중독을 유발하고 삶을 마비시키며 기회를 놓치게 만들 수 있다고 한다. 완벽을 위해 노력하기보다 건강한 성장을 향해 자신을 세상에 열어둘 때 사람들은 일을 더 잘 해낸다. 이는 자신의 약점에 솔직해지는 것을 뜻한다. 그래야만 자신이 잘하지 못하는 것이 무엇인지 깨닫고, 이를 어떻게 극복할지에 대한 단서를 얻을 수 있다.

성장은 더 나아지는 것이 아니라
더 나아질 것이라고 믿는 것이다

달성하려는 목표에 덜 집중하기

연구자들은 자신감을 향상시키는 가장 확실한 방법은 '행동을 취하는 것'이라고 말한다. 하지만 워크숍에 참가한 여성 리더 중 대다수가 여전히 '도전'의 순간이 닥칠 때마다 얼굴이 창백해지고 배가 부글대며 공포에 짓눌린다고 우리에게 고백한다. 아무리 긍정적인 생각을 하려고 애써도, 머릿속에서는 온통 사다리를 타고 다시 밑으로 내려가 안전한 집으로 도망칠 궁리만 떠오른다는 것이다.

'이제 그만! 두 번 다시는 그 일에 대해 이야기하기 싫어!'

사회심리학과 발달심리학을 연구하는 스탠퍼드대학교 캐럴 드웩Carol Dweck 교수는 이 문제를 해결하려면 일과 삶을 바라보는 태도를 대대적으로 수정해야 한다고 조언한다. 그가 말하는 솔루션은 간단하다.[24]

'결과를 너무 빠듯하게 잡지 마라. 목표에서 벗어나라.'

이게 무슨 뜻일까? 달성하려는 결과에 덜 집중하는 것이 어떻게 성공하는 데 도움이 될까? 성과를 내기 위해 노력하고 분투하고 싸워도 모자랄 판에 목표 따위는 잊어버리라니? 그런데 잠깐 차분히 생각해보자. 큰 성공을 거두지 못한다면 당신은 어떤 존재가 될 것 같은가? 남들보다 낮은 매출액을 기록한다고 해서 정말 당신의 가치가 그 왜소한 숫자만큼 쪼그라들까? 동료 팀장보다 훨씬 낮은 신규 계약 건수가 정말 당신의 능력과 열정을 대변할까? 만약 이 질문에 "그렇다"라고 대답한다면 당신은 '고착형 사고방식Fixed Mindset'에 단단히 묶여 있을 가능성이 높다.

'고착형 사고방식'은 사람마다 일정량의 재능과 자질을 갖춘 채 태어나지만 이를 더욱 발전시키기 위해 할 수 있는 일은 많지 않다고 믿는 가치관이다. 그리고 오직 개인이 달성한 성과만을 가지고 그 사람을 평가하고 판단해야 한다고 믿는다. 냉정하고 가혹한 가치관이지만, 놀랍게도 지난 수십 년간 대다수 경영자가 이 사고방식을 채택해왔다.

드웩 교수 연구팀의 조사 결과에 따르면 일반적으로 사람들은 자신의 약점이 드러날 수 있다는 두려움 때문에 새로운 도전을 덜 받아들이는 경향이 있다고 한다. 자존심에 흠집이 나고 자신의 존재감이 부정당하는 것이 두려워, 정당한 지적조차 철저히 거부하는 것이다. 이런 사람들에게 실패는 대단히 치명적이고 도저히 복구할 수 없는 참담한 패배다. 그래서 실수를 저지르면 서둘러 도망치거나 침대 밑으로 숨어버린다. 탈출 경로가 모두 막히면 자기 대신 죄를 뒤집어쓸 사람을 찾아 맹렬하게 비난한다. 한 번의 실패와 실수가 다음을 위한 소중한 징검다리가 되어줄 수 있다는 상상을 하지 못한다. 이런 사람들은 조금이라도 실패의 가능성이 있는 도전은 시작조차 하지 않고, 오로지 충분히 달성 가능한 목표에만 발을 내민다. 모든 것을 자신의 통제 안에 두려고 하고 남들과 일하는 것보다 혼자 일하는 것을 즐긴다. 만약 당신이 '나 혼자 하는 게 더 빨라!'라는 생각을 자주 한다면 '고착형 사고방식'의 소유자라고 보면 된다.

예상했겠지만 우리도 커리어의 대부분을 '고착형 사고방식'에 파묻힌 채 보냈다. 연못을 가로지르는 오리처럼 수면 위에서는 조용하고 평안해 보이지만 물밑에서는 두 발로 열성적으로 물살을 차며 살았다. 성공이라는 목표를 따라잡으려고 끊임없는 스트레스와 불안감 속으로 스스로를 몰아붙였다. 이처럼 '고착형 사고방식'은 인간의 두려움을 먹고 무럭무럭 자란다. 워크숍에 참여한 대다수의 여성은 '나는 여전히 충분히 잘하지 못하고, 남들보다 한참 뒤처져 있으며, 앞으로도 영원히 경쟁자를 따라잡지 못할 것이다'라는 내면의 목소리에 잔뜩 겁을 먹고 있었다.

고착형 사고방식 vs. 성장형 사고방식

그렇다면 대안은 무엇일까? 구글, 애플, 마이크로소프트, IBM과 같은 글로벌 대기업은 물론이고, 미국 올림픽 대표 코치진, UN, 백악관 등 다양한 조직에 초청되어 '태도'와 '사고방식'의 힘을 강연했던 캐럴 드웩 교수는 고난 앞에서 인간이 어떤 태도를 지니는지, 그리고 어떻게 행동하는지를 지난 수십 년간 연구했다. 그 결과, 유독 실패와 좌절에 크게 영향을 받지 않는 사람들의 공통점을 찾아냈다. 그들은 돌에 걸려 넘어져도 바지를 툭툭 털고 가던 길을 터덜터덜 걸어갔다. 드웩 교수 연구팀은 이들을 '성장형 사고방식Growth Mindset'의 소유자라고 이름 붙였다. 이들은 인간이란 태어날 때부터 이미 일정량의 능력을 지닌 채 태어나지만 학습과 연습을 통해 그 능력을 충분히 개발할 수 있으며, 따라서 실패나 실수는 자신의 부족한 능력을 보완하고 경험을 쌓는 과정일 뿐 결코 그 사람을 평가하는 기준이 될 수 없다고 믿는다. 그래서 성장을 위한 일이라면 모든 활동에 최선의 노력을 기울이며 늘 개방적인 자세로 모르는 것을 배운다.

지금까지 설명한 두 가지 사고방식 중 무엇이 일터에서 더 긍정적인 영향을 미칠지 판단하는 것은 당신의 몫이다. 그런데 여기까지 읽으면서 당신이 혹시라도 '나는 성장형 사고방식을 이미 지닌 것 같은데?'라고 생각한다면, 그것은 다소 섣부른 평가라는 것을 정중하게 알려주고 싶다. 2장에서 설명했던 '젠더 사고방식'과 마찬가지로 대다수의 사람은 결코 하나의 사고방식만 지니고 있지 않다. 무지개의 빛깔을 하나로 지정할 수 없듯이 인간의 의식에 끊임없이 개입하는 사고방식 역시 그 사람이 처한 상황과 그날의 기분 그리고 과거의 경험 등이 하나로 통합되어 다채로운 빛깔을 지니게 되는 것이다. 때로는 당장의 성과를 우선하는 사고방식을 택할 수도 있고, 때로는 장기적인 관점에서 잠깐의 실패와 실수를 용인할 수도 있다.

예를 들어 메건은 창의성을 발휘해야 하는 업무에서는는 '성장형 사고방식'으로 무장하지만, 기업 세무 감사를 준비할 때는 '고착형 사고방식'으로 재정비해 접근한다. 미셸 역시 기업 CEO 등 고객들에게 적절한 업무 피드백을 전할 때와 단독 저서를 집필할 때 전혀 다른 사고방식을 활용한다.

중요한 것은, 당신이 평소 일을 하고 성과를 창출할 때 이 두

가지 사고방식 중 어떤 '인식 체계'에 더 많이 의지하는지를 스스로 파악하고 이해해야 한다는 것이다. '고착형 사고방식'에 빠져 표류한다면 당신은 오직 성과를 달성할 때만 스스로를 가치 있게 여기는 엄격한 사람이라는 것을 뜻한다. 만약 성과가 만족스럽지 않아 자신감이 약해진다면 어떻게 해야 할까? 반대편에서 조용히 앉아 있는 '성장형 사고방식'을 서서히 일으키면 된다. 속으로 이렇게 다짐하면서 말이다.

'나의 가치는 무언가의 달성으로 결정되는 것이 아니라, 성장을 향한 멈추지 않는 노력으로 결정된다.'

오늘 처음 테니스 라켓을 잡은 메건이 하루아침에 세리나 윌리엄스Serena Williams가 될 수 있다는 뜻은 아니다. 다시 말하지만, 이러한 믿음에 도전하는 일은 허무맹랑한 이야기로 자신을 속이는 일이 아니다. 다만, 자신의 능력과 성과로만 삶을 평가하지 말라는 뜻이다. 그것보단 '언제든지 능력을 향상시킬 수 있다는 믿음'에 당신의 일과 삶을 걸어라. 메건이 비록 타고난 스포츠 선수는 아니지만, 기꺼이 노력하고 열린 마음으로 배운다면 테니스 실력을 점점 더 향상시킬 수 있지 않을까? 메건 앞에 어떤 기회가 놓일지 누가 알겠는가?

하지만 이런 믿음을 갖기란 쉬운 일은 아니다. 왜냐하면 대다수의 사람이 아주 어린 나이에 '고착형 사고방식'을 반복적으로 접하기 때문이다. 부모의 인정, 교사의 칭찬, 주기적으로 공개

되는 성적표…. 이 모든 직간접적인 보상은 우리의 (성장을 향한) 노력이 아닌 즉시적인 결과물에 의해 결정된다. 오직 성취만을 축하하기 위해 설계된 세상에서 실패와 실수를 성장의 밑거름으로 삼을 수 있는 어른으로 성장하기란 쉽지 않을 것이다. 그러므로 우리는 지금부터라도 완전한 실패의 한가운데에서도 스스로에 대한 친절을 유지하며 "아직 그 정도는 아니야!"라고 웃으며 말해야 한다.

방전된 에너지를 순식간에 충전하는 방법

미국인이 가장 존경하는 영부인이자 사회운동가 엘리너 루스벨트Eleanor Roosevelt는 이렇게 말했다.

"세상에서 가장 두려운 일 한 가지를 매일 하라."

자신감은 변수가 발생해도 계속해서 시도하고 배우고 앞으로 뻗어나가려는 의지 그 자체다. 우리는 이를 '내면의 힘Inner Strength'이라고 부른다. 그런데 만약 큰일을 앞두고서 이 내면의 에너지가 바닥이 나면 어떻게 해야 할까? 다시 무기력의 늪에 빠져 허우적대다가 소중한 기회가 지나갈 때까지 덩그러니 혼자 남아 있는 게 최선일까?

자신감이라는 추상적 감각을 '프레즌스'라는 실재적 개념으로 구체화한 에이미 커디 교수는 2분 동안 (마치 원더우먼처럼) '파워 자세Power Pose'를 취하면 체내 테스토스테론 수치를 증가시킬 수 있다고 말한다. 이 자세는 두려움을 감소시키고 위험에 대한 저항력을 향상시키며, 방어 심리를 촉진하는 코르티솔 수치를 낮춰 불안감을 감소시킨다. 커디 교수는 높은 스트레스 상황에 접어들기 전 딱 2분 동안만 '파워 자세'를 유지하면 여성과 남성 모두의 테스토스테론 수치가 약 20퍼센트 증가하고 코르티솔 수치는 약 25퍼센트 감소한다는 사실을 발견했다. 이는 꽤 큰 차이이다.

'파워 자세'를 취하는 방법은 간단하다. 아래를 보고 천천히 따라 해보자.

- 하나, 발을 골반 너비로 벌린 후 준비가 되면 눈을 감아라. 그런 다음 골반에 손을 얹고 코와 입을 통해 깊고 천천히 호흡하라. 그런 다음 한 번 더 심호흡하라. 이를 반복하라.
- 둘, 마치 두 발이 땅 아래로 깊이 박힌다고 생각하고 두 발바닥에 전해오는 충만한 땅의 감각을 만끽하라. 무릎을 너무 단단히 고정시키지 말고 가볍게 밀며 종아리와 무릎을 거쳐 위로 올라오는 기운을 느껴라. 그 기운이 엉덩이와 척추를 지나 목과 어깨까지 올라오는 것을 느껴라. 머리 꼭대기까지 당도한 그 기운이 얇은 실이 되어 몸 밖으로 빠져나가는 것을 감각하라. 이때 턱을

살짝 위로 들어라. 그리고 깊고 천천히 숨을 들이쉬어라.

- 셋, 목을 뒤로 젖힌 채 어깨를 조금 더 뒤로 당겨 가슴을 활짝 열어라. 팔꿈치도 조금 더 뒤로 당겨라. 두 손은 바깥으로 향하게 하고 골반을 활짝 열어라. 그리고 한 번 더 깊고 천천히 숨을 들이쉬어라. 천천히 공기를 음미하라.
- 넷, 이제 마지막으로 한 번 더 깊고 천천히 숨을 들이쉬어라. 당신은 생각을 행동으로 바꿀 수 있다. 당신은 더 나은 사람으로 성장하기 위해 필요한 모든 것을 갖췄다.
- 다섯, 양손을 내리고 몸을 살짝 흔들어라. 눈을 여러 번 깜빡인 뒤 당당하게 앞으로 나아갈 준비를 마쳐라. 그리고 이제 당신이 해야 할, 당신만이 할 수 있는 그 일을 향해 전진하라.

커디 교수는 수백 건의 연구를 진행하며 자신감을 높이는 다양한 호흡법과 자세를 개발했다. 우리는 이러한 시도를 매우 높은 경지의 '심신연결Body-Mind Connection'이라고 부른다. 워크숍에 참가한 여자들이 가장 열성적으로 따라 하는 프로그램은 이러한 다양한 심신연결 미션이 포함된 세션이다.

몸과 마음이 구체적으로 어떻게 연결되는지에 대해선 밝혀진 것보다 밝혀지지 않은 게 우주의 별자리만큼이나 광대하다. 하지만 분명한 것은 신체를 확장하면 그만큼 더 많은 긍정적 기운을 감각할 수 있다는 사실이며, 이러한 확장을 통해 많은 사람의 사고방식과 가치관이 바뀔 수 있다는 사실이다.

지금 당신이 이사회 회의실에서 매우 중요한 발표를 앞두고 있다고 가정해보자. 회사의 여러 중역 앞에서 당당하게 발언하기 전, 당신은 마지막으로 두 다리를 바닥에 깊이 꽂은 채 '파워 자세'를 취한다. 모든 사람이 당신을 우러러보고 있다. 오직 당신만이 선 채로 사람들을 내려다볼 수 있다. 당신은 이 우월감을 충분히 느끼기 위해 서너 번 소리가 날 정도로 크게 심호흡을 한다. 팔꿈치와 옆구리 사이에 공간이 살짝 생길 정도로 두 팔을 약간 벌린 뒤 손바닥을 쫙 펴고 우주의 기운을 흡수한다. 눈을 잠시 감고 고요한 적막에 몸을 던진다. 당신의 그런 담대한 행동에 지적을 할 수 있는 사람은 지금 이곳에 아무도 없다. 모두 할 말을 잃고 당신의 '프레즌스'에 압도된다.

혹시 조금 민망하다면 화장실 변기 칸에 들어가 '파워 자세'를 취해도 괜찮다. 중요한 것은 남들에게 보이는 내 모습이 아니라, 스스로 느끼는 충만한 만족감이니까. 오직 당신의 생각에만 집중할 수 있는 공간을 찾아 자신감을 충전하라. 물론 이런 간단한 자세 몇 가지가 지난 수십 년간 당신을 괴롭혔을 '자신감 부족 증후군'을 완치해주진 못할 것이다. 하지만 이 자세를 남들 앞에서 한 번이라도 취하는 것과 취하지 않는 것은 하늘과 땅만큼이나 큰 차이가 있다. 이 경험을 한 사람과 그렇지 않은 사람은 삶과 일을 대하는 태도가 완전히 다르다.

우리는 워크숍에 참여하는 모든 여성에게 반드시 이 자세를 취하게 한다. 사람들은 한 명도 빠짐없이 매우 쑥스러운 표정을 짓다가 억지로 이 자세를 따라 한다. 놀라운 일은 그다음에 벌어진다. 처음엔 민망한 표정을 애써 감추며 시작하지만 약 1분이 흐르자 처음의 어색한 공기는 모두 사라지고 강연장 안은 결연하고 뜨거운 기운이 넘쳐나기 시작한다. 자세를 마친 후 참가자들은 차분하고 편안한 표정으로 실내를 돌아다니며 진심으로 서로를 알아간다. 최근 한 참가자는 "사람들이 나에 대해 어떻게 생각하는지 더 이상 신경 쓰지 않게 됐어요!"라고 말했다. 또 제약회사에 다니는 어떤 여성 리더는 이렇게 말했다.

"이 자세를 취하자 제 몸속에 갇혀 있던 영혼이 빠져나가는 것을 느꼈어요. 당당하고 위엄 있게 서 있는 제 모습을 두 눈으로 똑똑히 바라봤어요. 지난 20여 년간 단 한 번도 경험해보지 못한 순간이었죠. 이제 사람들에게 제 존재감을 거침없이 내보일 수 있다는 자신감이 생겼어요."

그리고 우리가 가장 많이 들었던 이야기는 바로 이것이다.

"있는 그대로의 나 자신이 될 수 있었어요. 그것만으로도 충분했죠."

커디 교수는 아침에 침대에서 일어나자마자 '파워 자세'를 취하면서 하루를 시작할 수도 있다고 말한다. 회의 도중 갑자기 벌떡 일어서기가 어렵다면, 양팔을 의자 뒤쪽에 감거나 양손을 뒤로 모아 잡은 채 어깨와 가슴을 여는 방법도 있다. 심지어 양치질 같은 일상생활에서도 한쪽 손을 골반 위에 올린 채 원더우먼처럼 위풍당당한 자세를 취할 수도 있다.

강점을 발견해 개발하고, 스스로에게 유독 가혹한 내면의 목소리를 물리치고, 달성하려는 목표에 덜 집중하고, 목표만을 지향하는 사고방식과 결별하고, 틈틈이 '파워 자세'를 취하는 등 자신감을 끌어올리는 과학적인 방법은 무수히 많다. 가장 중요한 것은 이 방법들을 믿고 그저 '시작'해보는 것이다.

자, 이제 당신이 배운 것들을 어떻게 당신의 삶에 적용해 행동으로 바꿀 것인가? 당신과 당신이 이끄는 팀을 자신감 넘치는 조직으로 다시 일으켜 세우려면 지금 당장 무엇부터 시작해야 하는가?

4장

나의 가치를 세상에 연결하기

4장을 시작하며

감수의 글

조직 생활에서 '평판'을 관리하는 일은 매우 중요합니다. 평판, 즉 '퍼스널 브랜드Personal Brand'란 내가 없는 곳에서 다른 사람들이 나누는 '나에 관한 이야기'입니다. 그렇다면 어떤 퍼스널 브랜드가 사람들의 뇌리에 선명하게 각인될까요? 잊히지 않는 퍼스널 브랜딩의 비밀은 바로 '진정성'입니다. 퍼스널 브랜드에 진정성을 담는 방법은 자신의 일과 삶에 대해 명확한 '비전'을 갖는 것입니다. 퍼스널 브랜드는 그저 조직 내 자신의 위치나 직책 등으로 만들어지는 것이 결코 아닙니다. '나는 왜 이 일을 하는가', '나는 왜 세상에 존재하는가', '세상에서 내게 가장 의미 있는 일은 무엇인가' 등의 물음에 답하며 나만의 '이유 선언서'를 작성해 주변에 보내주는 것도 좋은 방법입니다. 현실적이면서도 생각만으로도 기분이 좋아지는 구체적인 목표를 지향하는 사람의 이야기는 늘 주변 사람들을 설레게 하기 때문이지요.

삶의 비전을 세울 때 우리는 두 가지 중요한 규칙을 잊지 말아야 합니다. 첫째, '반드시'라는 부사를 빼야 합니다. 이 세상에 무조건 이뤄야 할 목표 따위는 없습니다. 종종 '내 마음'이 아닌 '타인의 바람'에 의해 비전이 세워지기도 하는데, 이렇게 의존적인 비전을 세우면 시련이 왔을 때 쉽게 좌절하고 남을 탓하게 됩니다. 오로지 자신의 욕구와 필요, 꿈과 희망을 따라야 합니다. 둘째, '어떻게' 목표를 달성할지 지금 당장 알 필요는 없습니다. 일단은 그저 꿈을 따라가면 됩니다. '그렇게 해서 될 리 없어'라는 '자기 의심' 대신 '과연 어디까지 가능할까?'라는 '자기 확신'을 유지하기 바랍니다. 우리는 이것을 '나력Naked Strength'이라고 부릅니다. 이 '나력'을 통해 세상으로부터 끊임없이 러브콜을 받을 수 있는 힘을 길러야 합니다.

조직 생활에서 혼자만의 힘으로 해낼 수 있는 것은 많지 않습니다. 그런데도 많은 신입 사원과 경력 직원이 '멘토'나 '후원자'의 도움을 외면한 채 성과를 내려고 분투하고 있습니다. 멘토의 정의는 '배울 것이 있는 사람'입니다. 직장 내에는 어떤 주제에 대해서든 진심으로 공감해줄 소중한 인적 자원이 존재하지만 많은 여성이 이를 제대로 활용하지 못합니다. 후원자는 지금까지 당신의 입지를 만들어줬고 앞으로도 당신을 더 높은 곳으로 도약시켜 줄 사람을 뜻합니다. 현대 사회에서 '네트워크'에 연결되지 않고 역량을 성장시키기란 거의 불가능합니다. 세상에 나를 드러내고 도움을 청하는 것은 부끄러운 일이 아닙니다. 오히려 자신의 부족함을 남에게 들키기 싫어 껍질을 깨고 밖으로 나오지 못하는 것이 더 창피한 일입니다. 그러니 더 늦기 전에 나만의 브랜드를 설계해 세상과의 접점을 최대한 넓히세요.

내가 이 일을 하는 이유

"당신의 초능력은 무엇인가?"

동료가 누군가에게 당신을 소개할 때 그 동료는 어떤 표정을 짓고 있을까? 팀원 중 한 명이 팀에 새로 합류한 동료에게 당신의 리더십 스타일을 설명할 때 주로 어떤 단어를 사용할까? 이들의 '표정'과 '단어'에 당신의 '브랜드'가 자리 잡고 있다.

아마 이 글을 읽고 있는 대다수의 여성이 자신의 브랜드가 무엇인지, 그게 어떻게 생겼는지 한 번도 생각해본 적이 없었을 것이다. '퍼스널 브랜드'는 매우 모호한 개념이지만, 어렵거나 무서운 것은 아니다. 나이키 로고를 볼 때 우리는 두 팔을 크게 휘저으며 앞으로 내달리는 '육상선수의 땀방울'을 떠올린다. 애플 로고를 볼 때 우리는 '오직 한 가지에만 집중하는 단순함'을 떠올린다. 퍼스널 브랜드는 당신이 누구인지, 당신이 무엇을 하는지, 당신이 어떤 가치를 만들어내는지, 당신이 왜 존재하는지 등을 함축해서 설명하는 '차별화' 그 자체다. 그리고 그 차별화는 대부분 우리가 직장에서 맡았던 가장 중요한 일로 세상에 알려진다.

누군가가 알아봐주기를 바라며 고개를 푹 숙이고 열심히 일하는 시대는 이미 오래전에 지나갔다. 진정으로 빛나는 커리어를 쌓으려면 직무를 잘 수행하는 것 그 이상이 필요하다. 그리고 이 복잡한 '경력의 방정식'을 풀려면 중요한 한 가지를 깨달아야 한다. 브랜드란, 내가 아닌 나에 대한 타인들의 인식에 의해서 만들어진다는 사실이다.

마케팅의 대가 세스 고딘은 자신의 퍼스널 브랜드가 무엇인지 알고 싶다면 50명의 사람에게 자신을 어떻게 생각하는지, 그리고 자신의 '초능력'이 무엇인지 물어보라고 조언한다. 그러면 당신이 무엇으로 유명한지 꽤 금방 깨닫게 될 것이라 말한다(사람들의 대답은 당신을 기쁘게 할 수도, 경악시킬 수도 있다). 당신이 예상한 답변이 자연스럽게 나온다면, 혹은 그 범주 안에 수렴한다면 당신은 퍼스널 브랜드 관리를 꽤 잘하고 있다는 뜻이다. 중요한 것은 의도적으로 당신의 이미지를 창조하려고 애쓰면 안 된다는 점이다.

이제 나만의 퍼스널 브랜드를 구축하는 방법을 알아보자. 우선 최초의 질문은 이것이다.

'아무도 보고 있지 않을 때 스스로의 중심에 있는 당신은 진정 누구인가? 그리고 당신은 어떤 사람이 되고 싶은가?'

워크숍에 참석한 여성들에게 "인생에서 무엇을 원합니까?"라고 물어보면 크게 세 가지 반응을 보인다.

첫 번째 반응은 약간의 어리둥절함이다. "네?" 그들은 이런 질문을 한 번도 받아본 적 없다는 듯 약간 놀란 표정을 짓고 침묵한다. 두 번째 반응은 "지금 장난하세요?"이다. 자녀와의 갈등, 주택 담보 대출, 말이 안 통하는 상사, 끝없이 이어지는 '할 일 목록', 말 안 듣는 고양이, 막막한 미래…. 안 그래도 고민할 게 많은데 '인생의 비전' 따위를 생각할 겨를이 없는 것이다. 그리고 세 번째 반응은… 눈물이다. 오직 자신만을 위해 인생을 쓰고 싶지만 아직도 그 방법을 찾지 못해 무의미한 하루를 살아가는 여자들은 마음속으로 하염없이 눈물을 흘리다 집으로 돌아간다.

비전을 찾는 4단계 질문

그럼 어디서부터 시작해야 할까? 최악의 상황을 돌파하고, 나아가 나의 가치를 세상에 알리는 중요한 작업에 앞서 우리는 다음과 같은 규칙을 잊어선 안 된다.

첫째, 삶의 비전을 만드는 과정에 의무가 있어서는 안 된다. 삶의 비전은 당신이 해결해야 할 몫이지, 누군가를 위해 억지로 처리해야 할 숙제가 아니다. 둘째, 삶의 비전에 어떻게 도달할 것인지 처음부터 완벽하게 알아야 할 필요는 없다. 그저 꿈을 꾸려고 기꺼이 노력하라. 지금은 거창한 행동을 취할 단계가 아니다.

1단계: 진심을 써라

돈, 시간, 체력, 주변 반응 등에 얽매이지 않고 인생에서 무엇이든 가질 수 있다면 당신은 무엇을 원하겠는가? 당신이 열망하는 삶은 구체적으로 어떤 모습인가? 176쪽에 나오는 보기들을 참고해 머릿속에 비전을 그려보자. 이 목록을 가지고 글을 쓰기 시작하라. 오래된 펜이나 연필로 종이 위에 글을 써라. 호흡이 긴 문장을 써도 좋고 하나하나 분리된 목록을 만들어도 좋다. 그림을 그리거나 낙서를 하거나 공상에 잠길 수도 있다. 하고 싶은 일, 하고 싶은 경험, 만나고 싶은 사람, 가보고 싶은 장

일	명예
공동체	가족
친구들	돈
삶의 터전	건강
취미	봉사
연인 관계	오락
영적인 삶	예술
쾌락	지성

소, 도전해보고 싶은 직업이나 일, 다시 하고 싶은 취미 등 떠오르는 모든 것을 적어라. 지금 이 시간과 공간은 당신이 머리와 마음에 보관해둔 모든 것을 꺼내 종이에 적기 위해 주어진 선물이다.

꿈을 꾼 지가 오래되었다면 잠시 앉아서 명상을 한 후 다시 꿈꾸는 법을 연습해야 할 수도 있다. 무엇을 할지 모르겠다면 다음의 질문을 포스트잇에 적어 일기장에, 다이어리에, 컴퓨터 위에, 침대 머리맡 탁자에 붙여놓자.

'내가 누릴 수 있는 최고의 인생은 어떤 모습일까?'

처음에는 어렵겠지만 자꾸 반복하면 습관처럼 익숙해질 것이다. 작은 수첩을 들고 다니며 인생에서 하고 싶은 일이 생각날 때마다 메모하라. 때가 되면 메모가 일기 쓰기로 이어질 것이다. 단, 스스로에게 부담은 주지 마라. 이 연습을 하려면 자신의 인생을 정면으로 마주해야 하지만, 그렇다고 해서 이 연습이 스트레스를 일으켜서는 안 된다. 어떤 것들이 펼쳐지는지를 호기심을 갖고 살펴보라. 1단계에서는 이 정도로 충분하다.

2단계: 비전에 연료를 공급하라

인생에서 이루고 싶은 여러 비전을 적어놓고 보니 각 비전에 대해 실제로 어떤 기분이 드는가? 시간을 들여 하나하나 살펴보라. 각각의 내용이 어떤 방식으로 당신을 들뜨게 만드는가? 만약 너무 많은 내용을 적어 그중 몇 가지를 추려내야 한다면 내 인생에서 반드시 있어야 할 것들은 무엇인가? 당신에게 가장 중요한 열 가지 비전에 동그라미를 쳐라.

그중 하나를 골라 자세히 들여다보라. 그 비전을 당신의 삶에서 실현한다면 어떤 느낌이 들지 생각해보라. 몸으로 느껴라. 우리는 당신이 최대한 긍정적인 감정을 이 비전에 담아 채우기를 바란다. 목록의 다른 비전들도 하나씩 살펴보며 동일한 과정을 수행하라. 그런 다음 당신이 느낀 감정들을 살펴보고 그 감정들 사이에 공통점이 있는지 찾아보라.

3단계: 비전을 시각화하라

이제는 시각적 창의성을 발휘할 단계다. 우리가 가장 자주 추천하는 방법은 바로 '비전 보드Vision Board'이다. 긍정심리학과 신경과학에서는 긍정적인 이미지를 바라보는 것만으로도 우리의 삶이 한 번 더 나아갈 수 있다고 설명한다. 삶에서 갖고 싶은 것들을 시각적으로 구현한 뒤 날마다 들여다보기만 했을 뿐인데 원하는 것을 얻게 되었다고 고백하는 사람의 이야기를 당신도 종종 들어본 적 있을 것이다.

비전 보드를 만드는 방법은 수백 가지가 있다. 큰 공책이나 도화지를 활용해 이루고 싶은 꿈 목록을 여러 칸에 적을 수 있다. 핀터레스트Pinterest 등을 활용해 온라인에 나만의 비전 보드를 게시할 수도 있다. 꼭 그림일 필요도 없다. 감동적이거나 재미난 명언이 인쇄된 카드를 사무실이나 방안에 덕지덕지 붙이거나 포스트잇에 명언을 직접 적어 붙여도 된다. 기념품을 걸어두는 것도 좋다. 메건은 뉴욕의 벼룩시장에서 산 중국산 옥 조각 골동품, 펜던트 등을 냉장고 문짝에 걸었다. 당신만의 비전 보드를 만드는 방법에는 그 어떤 제약도 없다. 마음대로 '미친 시도'를 하라. 가장 중요한 것은 당신이 꿈꾸는 삶을 즐기는 것이다.

4단계: 시작할 기회를 포착하라

이제는 비전을 실현할 때다. 현재 당신이 있는 곳에서 당신의 삶에 가져올 수 있는 것은 무엇이 있는지 살펴라. 당신은 당신이 사랑하는 삶을 살 자격이 있다. 그냥 괜찮은 삶을 그럭저럭 살아갈 수 있다는 것이 아니라, 밝은 빛과 생동감으로 가득한 삶, 의미와 기쁨이 넘치는 삶을 살 자격이 있다. 당신에게는 스스로를 위해 그런 삶을 만들고, 목적을 가지고 매일매일 살아갈 수 있는 힘이 있다. 시간이 좀 걸릴 수도 있고, 당연히 꽤 많은 노력을 투입해야 할 수도 있다. 하지만 그 여정의 모든 단계는 노력할 가치가 충분하다.

돈을 전혀 받지 않더라도 기꺼이 할 수 있는 일

모든 사람은 자신이 중요한 일을 하고 있으며, 자신이 힘들게 들인 노력이 낭비되고 있지 않다는 것을 확인하고 싶어 한다. 사람들은 자신이 하는 업무를 합한 것보다 더 큰 사람이 되고 싶어 하지만, 의미 있는 일은 추구하긴커녕 늘 기계처럼 똑같은 일을 영혼 없이 반복한다. 당신은 왜 여기에 있는가? 달리 말하면, 당신은 왜 매일 아침 일어나 그 일을 하는가? 대다수의 사람이 이러한 질문에 쉽게 대답하지 못한다. 이 질문들이 너무나도 벅차고 압도적이기 때문이다.

가장 하고 싶은 일에 대해 생각하면 무엇이 떠오르는가? 당신이 의미 있다고 느끼는 것은 무엇인가? 돈을 전혀 받지 못하더라도, 또는 당신이 한 일을 아무도 알아주지 않더라도 당신이 계속해서 하고 싶은 일은 무엇인가? 용기 전문 코치 마지 워렐Margie Warrell은 다음과 같은 질문을 던진다.

"당신을 '안전지대' 밖으로 이끌고, 실패를 감수하게 하고, 자존심을 내려놓은 채 진정한 모습을 보이게 할 일은 무엇인가?"

아마 이런 질문은 대단히 생소할 것이다. 왜 그럴까? '내가 하고 싶은 것'을 발견하는 게 어려운 이유는 어릴 적부터 주입받은 전형화된 성공 모델 때문이다. 가족, 학교, 친구, 회사 등 우리가 속해 있는 모든 공동체가 오직 하나의 성공만을 정상으로 인정하고 있어서다.

자녀 교육에 열성이던 부모 밑에서 자랐다면 더 좋은 교육을 받는 것이 성공의 지표가 될 가능성이 높다. 생계가 곤란한 가정에서 자랐다면 성공에 대한 정의가 열정을 추구하는 것보다 재정적인 안정을 얻는 것에 더 가까울 수 있다. 하지만 이게 정말 '삶의 목적'이 될 수 있을까? 직장을 그만두거나 정년에 임박했을 때도 여전히 유효한, 즉 당신의 가슴을 뛰게 할 '일하는 이유'가 될 수 있을까?

안타깝게도 우리는 지금까지 단 한 번도 스스로에게 '삶의 목적'이 무엇인지 물어본 적이 없다. 이 질문에 답하지 못한 채 다음 단계로 넘어가는 것은 불가능하다. 진정한 목적의식을 경험하기 위해서는 스스로에게 본질적으로 의미 있는 목표를 설정하는 것이 중요하다. 가족, 친구, 직장, 사회의 기대에 좌우되는 것이 아닌, 스스로가 중요하게 생각하는 가치와 열정에 연결되는 목표를 수립해야 한다.

연구자들은 타인의 기대치를 동기로 삼아 성공한 사람들이 얼마나 많은 돈을 버는지, 얼마나 좋은 직업을 얻는지, 다른 사람들에게 얼마나 큰 인상을 남기는지 추적해 그 통계를 정리했다. 그들은 실제로 큰돈을 벌었고, 대기업에 취업했고, 사회적으로 인정을 받았다.[1] 그러나 연구자들은 이러한 1차 목표를 달성한 사람들이 장기적으로는 자신감과 만족감이 크게 떨어졌으며 스트레스에 훨씬 더 취약한 것으로 나타났다고 설명했다. 그리고 그들은 대체로 불행했다.

이쯤에서 워크숍 참가자들에게 꼭 들려주는 이야기가 있다. 돌을 깨는 세 사람의 이야기다. 지나가는 행인이 이들에게 무엇을 하고 있냐고 묻자 첫 번째 사람은 "큰 바위를 작은 바위로 부수고 있다"라고 대답했고, 두 번째 사람은 "내 가족을 먹여살리고 있다"라고 대답했고, 세 번째 사람은 "성당을 짓고 있다"라고 대답했다. 모두 같은 일을 하고 있었지만 저마다 전혀 다른 의미(목적)를 찾았다. 당신은 지금 당신이 존재하는 일터에서 어떤 의미를 찾을 것인가?

종종 사람들은 목적의식을 일과 연결하려면 어떤 훌륭하고 숭고한 노력에 참여해야 한다고 생각한다. 하지만 아무리 하찮고 사소한 일일지라도 매일 조금씩 쌓이면 훗날 거대한 차이를 일으킬 수 있다. 이 위대한 '일상의 힘'을 무시해선 안 된다. 어떤 직업에서든 의미를 이끌어낼 수 있다. 예일대학교 심리학과 에이미 프제스니에프스키Amy Wrzesniewski 교수는 매일 바닥을 닦고 먼지를 치우고 쓰레기통을 비우는 병원 청소부들에게 자신의 일을 어떻게 생각하는지 물었다. 그중 한 청소부는 이렇게 대답했다.[2]

"우리는 병원 내부에 득실거리는 위험 세균을 제거해 환자들이 빨리 회복하도록 돕는 거룩한 소명을 수행하고 있습니다."

자신의 일을 '소명'이라고 소개한 청소부는 같은 구역의 다른 청소부들보다 월등히 높은 성과를 냈으며 여러 지표에서 우수한 수치를 기록했다. 무엇보다 그는 매 순간 남들보다 훨씬 더 즐겁고 열심히 일했다.

스티브 잡스Steve Jobs도 비슷했다. 그가 처음부터 인류의 진보를 위해 개인용 컴퓨터를 만들겠다고 작정한 것은 아니었다. 어렸을 때부터 전자기기를 만지작거렸고, 대학교에서는 창작 관련 강의를 들락날락거렸으며, 첫 회사로 우연히 컴퓨터 회사에서 일했고, 마침내 홈브루컴퓨터클럽(HomeBrew Computer Club,

1970년대 실리콘밸리에 있었던 초기 컴퓨터 취미생활자 클럽-옮긴이)에 가입해 훌륭한 그래픽 인터페이스를 갖춘 컴퓨터를 만들겠다는 영감을 얻었다.

당신의 삶에 아직도 뚜렷한 목적이나 소명이 보이지 않는가? 그럼 아래 질문에 답하면서 꿈의 지도를 그려보자. 너무 오래 생각하지 말고 생각나는 대로 솔직하게 적어보자.

- 어떤 생각을 하는 것을 좋아하는가?
- 당신의 마음은 어디를 떠돌고 있는가?
- 당신은 무엇을 가장 자주 생각하는가?
- 당신에게 가장 중요한 것은 무엇인가?
- 돈을 신경 쓰지 않는다면 당신은 무엇을 하고 싶으며 그 이유는 무엇인가?
- 그것이 다른 사람에게 어떤 도움을 줄까?
- 당신은 무슨 일을 하는 것을 좋아하며, 무엇을 잘하고, 무엇을 할 때 시간 가는 줄 모르는가?
- 반대로 당신이 절대 참을 수 없는 것은 무엇인가?

이 질문들을 통해 삶의 불씨를 찾았다면 이제 탐험을 시작하라. 세상에 나가서 작은 일이라도 해보고 무슨 일이 일어나는지, 당신의 느낌은 어떤지 감각하라. 불씨를 꺼뜨리지 않고 계속 이어갈 방법을 찾아라. 질문을 반복하고, 계속 파헤쳐라. 비슷한 목적을 공유하는 다른 사람들을 찾아보라. 그리고 인내심을 가져라. 무궁한 호기심과 굽히지 않는 자신감이 당신을 앞으로 이끌 때까지 기다려라.

어떤 사람으로 알려질 것인가

전반전: 커리어 계획 구축하기

이제 당신은 퍼스널 브랜드가 무엇인지, 퍼스널 브랜드를 왜 구축해야 하는지 이해했으며 삶의 비전과 목적에 대해 더욱 뚜렷하게 인식하게 되었다. 다음 질문은 "그것이 당신의 커리어에 어떤 의미를 갖는가?"이다.

모든 직장인에게 '경력 관리'는 나중에야 생각하는 것, 습관적으로 매일 달리는 쳇바퀴, 피와 땀과 눈물이 난무하는 힘겨운 전투일 뿐이다. 우리 프로그램에 참여한 여성 중 70퍼센트 이상이 구체적인 커리어 계획이 없다고 대답했다. 또 48퍼센트의 여성이 그때그때 커리어 계획을 수립한다고 답했다. 우리는 당신이 이렇게 일하기를 원치 않는다.

메건은 자신의 코칭을 받는 임원 고객들과 커리어 전략을 논할 때, 사다리의 다음 계단에 집중하는 전통적인 커리어 전략에서 벗어나 수평적인 기회도 모색할 것을 권한다. 15년간 인사과 임원으로 근무한 이사벨은 메건의 코칭 강의에 처음 참여했을 때, 자신이 맡을 다음 직책은 당연히 대기업의 인사총괄임원일 것이라 생각했다.

하지만 자신이 가장 열정을 느끼는 일이 무엇인지, 무엇을 할 때 맹렬한 목적의식을 느끼는지, 그리고 자신의 새로운 삶의 비전과 잘 어울리는 일이 무엇일지 탐구하기 시작하면서 이사벨은 자신이 정말로 하고 싶은 일은 인사 총무 업무가 아니라 전략 컨설팅 업무라는 사실을 깨달았다. 알을 깨고 나온 이사벨은 자신의 퍼스널 브랜드가 무엇인지, 자신이 어떤 사람으로 알려지고 싶은지에 대해 당당히 답할 수 있게 되었다. '안전지대'에만 머무르려 하지 말고 모든 잠재적 선택지에 대해 창의적으로 생각하라. 그렇다면 나의 커리어를 어떻게 평가하고 관리해야 할까? 다음의 질문에 답하면서 차근차근 준비해보자.

하나, 당신 앞에 놓인 커리어 선택지에 대해 어떤 평가를 내리겠는가? 살펴볼 수 있는 모든 잠재적 선택지의 목록을 최대

20개 항목으로 작성하라. 첫 3~5개 항목을 생각해내는 것은 쉽지만, 나머지는 잘 떠오르지 않을 것이다. 둘, 스스로를 위해 설정하고 싶은 다음 커리어 목표는 무엇인가? 한 번도 생각해보지 않았지만 새로운 방향으로 당신을 인도할 목표일 수도 있다. 앞으로 12개월간 달성하고 싶은 목표를 생각하라. 향후 3~5년의 장기적 목표는 어떤 모습일지도 생각해보라. 셋, 그 목표를 이루려면 어떤 기술, 경험, 지식이 필요한가? 나에게 무엇이 부족한지 냉정하게 평가하고, 그 빈틈을 어떻게 채울지 고민하고, 지금 당장 실행해야 할 과제가 무엇인지 목록을 만들어라.

후반전: 퍼스널 브랜드는 '직함'이 아니다

퍼스널 브랜딩 전문가 윌리엄 아루다William Arruda는 퍼스널 브랜드는 직함이 아니라고 설명한다. 당신이 명함에 적힌 회사 이름과 직책만을 활용해 스스로를 포지셔닝한다면, 당신은 상품으로 전락해 같은 일을 하는 수천 명의 다른 사람들 사이에 파묻히게 될 것이다. 아루다는 강렬한 퍼스널 브랜드를 보유한 사람들은 자신이 만들어낸 유일한 가치가 무엇인지, 그리고 그 가치의 수혜자가 누구인지, 마지막으로 사람들이 기대하는 결과가 무엇인지 안다고 설명한다.

네트워킹 이벤트에서 만난 어떤 사람이 자신을 'ABC 제약회사의 생물학 연구 수석 연구원'이라고 소개했다고 가정해보자. 그를 다시 만날 기회가 올까? 아니, 그를 굳이 다시 만나고 싶은 마음이 생길까? 하지만 그가 스스로를 이렇게 소개했다고 가정해보자.

"나는 매우 희귀한 질병을 치료하는 약물을 제조하는 괴짜 과학자들로 이루어진 팀을 관리합니다. 매일 출근할 때마다 그들이 또 무슨 사고를 쳤을지 생각하느라 가슴이 두근거리죠."

아니면 이런 방법도 있다.

"나는 매일 벌레들과 싸웁니다. 희귀한 질병을 일으키고 사람들을 매우 아프게 하는 벌레들과 싸웁니다. 우리 팀과 나는 이 벌레들을 짓뭉갤 때까지 쉬지 않을 겁니다."

우리는 이런 독특한 소개법을 '선한 무례함Good Irreverence'이라고 부른다. 핵심은 이것이다. 당신의 '소개'는 결코 명함 돌리기에서 그치면 안 된다는 것이다. 상대방의 기억에 아무것도 남기지 못하는 소개는 아무 쓸모가 없다.

물론 당신의 퍼스널 브랜드는 신뢰할 수 있는 것이어야 한다. 거짓말을 하라는 것이 아니다. 진정한 브랜드는 한 인간의 성장사 그 자체다. 워크숍에 참여한 리렌은 금융 서비스 회사의 운영 매니저였다. 리렌은 뛰어난 능력을 보유했고 자신이 맡고 있는 직책에 대한 강력한 퍼스널 브랜드를 구축했지만, 마음은 다른 곳에 있었다. 사람을 향한 열정을 지니고 긍정적인 변화를 일으키고 싶어 하던 리렌은 직장에서 사람들이 잠재력을 발휘하도록 돕는 역할을 맡고 싶었다. 하지만 현재 직책에서는 그러한 역할을 수행할 기회가 전혀 없었다.

우리의 프로그램에 참여한 후 리렌은 다시 직장으로 돌아가 자신의 강점과 목적의식을 레버리지로 활용해 자신의 직책, 즉 커리어에 어떤 변화를 줄 수 있을지 매니저와 이야기했다. 간단해 보이지만 리렌은 가장 중요한 첫 관문을 스스로 열어젖힌 것이다. 결국 리렌은 기존에 담당하던 업무를 수행하면서도 새로운 인사 프로그램을 개발하는 프로젝트에 참여할 기회를 거머쥐었다. 시간이 흐를수록 리렌은 자신이 하고자 하는 일의 전문성을 키워갔고 결국 수많은 전문가에게 인정받기 시작했다.

당신의 브랜드가 삶의 비전과 목적을 실현하는 길에서 동떨어져 있다는 것을 깨닫기 시작했다면, 지금 당장 눈을 감고 차분히 당신의 과거가 현재와 어떻게 연결되어 있는지 탐색해보라. 당신은 다른 사람들에게 어떻게 기억되고 싶은가? 다음 질문에 답하며 천천히 그 모습을 상상해보라.

- 당신이 창조하는 가치는 무엇인가?
- 그 가치의 수혜자는 누구인가?
- 회식 자리에서 당신을 소개할 '한 줄'은 무엇인가?[3]

◆ 다음의 빈칸을 채워 당신의 브랜드를 완성하라.

나는 (   )을/를 위해

나의 (   )와/과 (   )을/를 이용한다.

(   )으로/로 알려진 나는

사랑하는 사람들을 위해 늘 (   )을/를 한다.

(   )이라는/라는 재능을 통해

나는 사람들에게 (   )을/를 제공한다.

회사에서 (   )할 때 직원들은

언제나 나를 가장 먼저 떠올린다.

- 이 모든 당신의 커리어 소개가 충분히 만족스러운가? 아직 부족하다면 무엇을 보강해야 하는가? 당신의 브랜드가 좀 더 사람들에게 신뢰를 주려면 지금 당장 무엇을 해야 하는가?

누구에게 어떻게
도움을 받을 것인가

멘토링 없는 시대

나만의 브랜드를 갖추는 데 성공했다면, 이제는 그 가치를 세상에 알려 확산할 구체적인 방법을 모색할 차례다. '멘토링'이라는 단어는 지난 몇 년간 부당한 비난을 받아왔다. 상사들의 형식적인 조언, 상황에 따라 달라지는 교육 내용, 각종 정책의 혜택을 얻기 위해 임시방편으로 진행되는 전시 행정 등으로 인해 멘토링 제도는 밀레니얼 세대를 포함한 조직의 실무 담당자들로부터 '구식 전략'이라는 오명을 얻게 됐다. 심지어 셰릴 샌드버그는 멘토링을 이렇게 일축했다.

"21세기에 진정한 멘토를 찾는 일은 매력적인 왕자를 찾는 것과 똑같은 일이 되었다."

본받을 만한 롤모델이 없는 시대, 그리고 성공한 여성 리더가 부재한 시대에 샌드버그의 조언은 일견 타당한 주장으로 들린다. 그러나 우리가 지난 10여 년간 세계 각국의 글로벌 기업을 순회하며 워크숍을 진행한 결과에 따르면, 사적인 친분 관계부터 조직 내 공적인 관계에 이르기까지 타인과의 관계 맺기를 통한 멘토링이 가장 강력하고 지속적인 효과를 창출했다는 점이 밝혀졌다.

하지만 우리 주변을 둘러보면 제대로 된 멘토링에 착수한 여성은 단 한 명도 없는 것처럼 보인다.[4] 어느 연구 결과에 의하면, 일하는 여성 중 '단 한 번도 멘토링 관계를 맺은 적이 없다'고 답한 여성이 63퍼센트에 이른다. 커리어 네트워크 웹사이트 '레보 리그Levo League'의 조사에 따르면 놀랍게도 밀레니얼 세대 여성의 95퍼센트가 직장에서 멘토를 찾지 못했다고 답했다. 조직 안에 제대로 된 멘토링 프로그램이 부재한 현실도 이러한 통계 수치가 나온 데 한몫하고 있다.

그러나 진짜 이유는 따로 있다는 것을 잘 안다. 여성은 남성보다 훨씬 더 멘토링에 심한 거부 반응을 보인다. 너무 잘나서 그런 걸까? 아니면 자신의 취약한 모습을 남에게 드러내는 것이 죽기보다 더 싫기 때문일까? 워크숍에 참여한 한 여성 임원은 우리에게 이렇게 고백했다.

"멘토링을 요청하는 것은 누군가에게 걸어가서 다짜고짜 친구가 되자고 물어보는 것과 같습니다. 회사에서 그런 행동을 하는 사람을 저는 지금까지 단 한 번도 본 적이 없습니다. 그런데 저더러 그런 일을 하라고요? 맙소사, 상상할 수도 없어요!"

하지만 정말 모순적이게도, 누군가의 멘토가 될 만한 위치에 있는 여성 리더들 중 71퍼센트는 직장에서 누군가 자신에게 멘토링 요청을 하면 기꺼이 수락할 것이라고 답했다. 이것은 무엇을 뜻하는 걸까? 우리가 굳게 닫힌 마음의 문을 열어젖히고 두 눈과 두 귀를 활짝 열어 손을 뻗기만 하면 붙잡을 수 있는 기회가 무궁무진하다는 뜻이다.

그리고 가장 중요한 팁은 올바른 사람에게 멘토링을 요청하는 것이다. 스티브 잡스에게 자동차를 고쳐 달라거나, 워런 버핏에게 좋은 고기를 고르는 방법을 물어볼 수는 없는 노릇이다. 세계에서 가장 영향력이 막강한 여성 중 한 명인 오프라 윈프리 Oprah Winfrey는 모르는 사람들이 자신에게 다가와 멘토링을 부탁하는 일이 너무나 자주 일어난다고 털어놓은 적이 있다. 이렇게 전혀 일면식도 없는 사람에게 모호한 방식으로 멘토가 되어달라고 요청하는 것은 훌륭한 전략이 아니다.

물론 당신이 미치도록 바쁘다는 것을 안다. 아마 당신은 이 책을 읽으며 노트를 펼친 뒤 길고 긴 '할 일 목록' 맨 마지막 줄에 멘토를 찾는 과제를 적고 있을지도 모른다. 지금 당장은 그저 모니터에 고개를 처박고 열심히 일해 결과를 만들어내는 게 최선의 일이라고 생각할지도 모른다. 멘토링 같은 번잡한 일에 시간을 낭비하느니 차라리 그 시간에 보고서를 하나 더 쓰겠다고 생각할 것이다. 그러나 미안하지만 당신의 이런 판단은 틀렸다. 수많은 경영 컨설턴트 업체가 발표하는 보고서에는 '영향력 있는 멘토'를 보유하는 것이 여성 고위 임원에게 최고의 커리어 전략 중 하나라고 적혀 있다. 그리고 실제로 업무 현장에서 멘토링을 통한 관계 구축이 상상 이상의 강력한 힘을 발휘하는 것을 우리는 숱하게 목격했다.

주위에 널려 있는 기회를 내 것으로 만드는 방법

워크숍에서 우리가 가장 자주 받는 질문은 이것이다. "어떻게 하면 일터에서 유연하고 단단한 멘토링 관계를 유지할 수 있나요?" 그때마다 우리는 다음과 같은 몇 가지 지침을 반복해서 들려준다. 멘토링으로 성과를 내고 싶다면 다음의 체크리스트를 꼼꼼하게 정독한 뒤 철저히 준비하라.

(1) 왜 멘토링을 원하는지 구체적으로 생각하라

당신의 퍼스널 브랜드와 커리어 노선, 개별 도전 과제에 대해 차분히 생각해보며 자신에게 진정 필요한 것이 무엇인지 상대방에게 솔직하게 말하라. 정치력, 영업 기술, 자신감 회복, 일과 삶의 균형, 연봉 협상 등 당신에게 지금 가장 필요한 것과 그것이 왜 필요한지를 명확히 파악하라. 그러면 올바른 사람에게 지원을 요청할 수 있다.

(2) 확실한 의도를 미리 정하라

멘토링 관계를 통해 당신은 무엇을 얻고 싶은가? 멘토를 원하는 수많은 사람이 멘토링에 실패하는 이유는 애초에 멘토를 찾는 이유가 모호하기 때문이다. 스스로 원하는 점을 명확히 해야 최대한의 이익을 얻을 수 있을 뿐 아니라 멘토의 시간과 에너지도 낭비하지 않을 수 있다.

(3) 올바른 사람을 찾아 요청하라

아마 당신은 지금쯤 채팅 애플리케이션 친구 목록을 살펴보며 가장 친하거나 말 걸기 편한 사람을 찾고 있을 것이다. 그러면 안 된다. 현재 당신이 속한 조직의 모든 영역을 둘러보며 당신에게 혜택을 줄 수 있는 지식이나 경험을 갖춘 사람이 누구인지 생각하라. 미래의 멘토는 당신이 얻으려는 특정 기술을 마스

터한 전문가여야만 한다. 아무리 당신과 편하게 농담을 주고받을 수 있는 사람일지라도 당신보다 업무 능력이 부족한 선배에게 조언을 구할 수는 없다. 심지어는 특정 분야에서 확실한 깨달음을 얻을 수만 있다면 팀원이나 부하 직원일지라도 '역멘토링'을 제안해야 한다.

(4) 무엇을 요청할 것인지 결정하라

명확한 범위나 구체적인 계획 없이 무작정 멘토가 되어달라고 요청하면 안 된다. 그런 요청을 받은 멘토는 틀림없이 큰 좌절감을 느낄 것이다. '이 사람이 대체 어쩌자고 나한테 이러지?' 한 달에 한 번씩 정식으로 회의를 할 것인지, 일주일에 한 번 20분씩 커피를 마실 것인지, 필요할 때마다 통화를 통해 조언을 구할 것인지 등 당신이 계획하는 내용을 명확히 전달하라. 멘토링을 요청할 인물의 시간과 에너지를 사려 깊게 존중하라.

(5) 멘토링 진행을 직접 관리하라

실제 멘토링의 진행자는 당신이어야 한다. 만나기로 일정을 잡았으면 그 전에 멘토의 비서와 연락해 회의에 필요한 세부 사항을 미리 제공하라. 만날 장소를 직접 선정해 예약을 마쳐라. 만남 당일 멘토가 당신에게 최선의 조언을 제공할 수 있도록 모든 조건을 완벽하게 준비하라. 멘토가 가장 편안한 환경에 머물

수 있도록 조치하라. 만나서 나눠야 할 대화의 주제를 미리 정해 소중한 시간이 낭비되는 것을 원천적으로 제거하라.

(6) 피드백을 공유하라

대다수의 멘토는 함께하는 시간이 지날수록 당신의 발전 상황을 궁금하게 여길 것이다(만약 관심이 없다면 잘못된 멘토일 가능성이 높다). 멘토의 조언을 얻어 진행한 프로젝트의 성과를 간략히 정리해 멘토에게 공유하라. 발표를 성공적으로 마친 뒤 그 후기를 작성해 전달하라. 올해 연봉 협상에서 멘토의 조언과 격려가 어떤 긍정적인 영향을 미쳤는지 알려줘라.

(7) 감사 인사를 하라

감사는 어느 인간관계에서든 매우 강력한 도구지만, 특히 멘토가 아무런 조건 없이 자신의 귀한 시간을 할애해 노하우를 알려주는 멘토링 관계에서는 더욱 그렇다. 진심을 담아 정중하게 당신의 마음을 표현하라.

(8) 너무 오래 멘토링을 지속하지 마라

이 마지막 팁이 가장 중요하다. 멘토와 처음 만나는 날에 멘토링 기간을 미리 정하는 것이 좋다. 대형 은행의 고위 간부인 마거릿은 매년 초 다섯 명의 신규 멘티를 맡아 12개월간 멘토링을 진행한다. 그 기간 동안 무슨 일이 일어나든 마거릿은 연말에 멘토링을 종료한다. 또한 멘티들과 명확한 목표를 세우고 멘토링 기간 동안 멘티들에게 기필코 달성해야 할 목표를 부여한다. 멘토링 기간은 3개월, 6개월, 12개월 단위로 지속하는 것이 가장 좋고, 때가 되면 정중하게 관계를 종료하라.

후원은 봉사가 아니다

워크숍에서 사람들이 가장 자주 묻는 질문 중 하나는 이것이다.

"멘토와 후원자의 차이점은 무엇인가요?"

멘토는 당신에게 조언을 제공하고 지식을 공유해주는 사람인 반면, 후원자는 자신의 영향력과 힘을 이용해 당신을 대신하여 당신을 옹호해줄 사람이다. 조직 내 누구든지 당신의 멘토가 될 수 있지만, 후원자는 당신이 모습을 드러내고 성공하는 것을 도울 수 있는 권력자의 위치에 있거나 업계에서 꽤 높은 위상을 지닌 사람이어야 한다. 멘토가 꿈을 정의하는 데 도움을 주는 사람이라면, 후원자는 꿈을 실현하도록 도와주는 사람이다. 후원자는 당신을 권력의 문턱까지 끌고 갈 것이다.

2010년에 진행한 연구에 따르면, 남성은 강력한 직책을 맡은 인물을 찾아내 후원자 관계를 비교적 쉽게 구축하는 반면, 여성은 멘토링을 통해 조언은 자주 받지만 후원자 관계에 대해서는 전혀 두각을 드러내지 못한다고 한다.

후원자는 당신에게 조언을 제공할 뿐 아니라 당신을 위해 발 벗고 나서는 사람이다. 후원자는 당신이 중요한 프로젝트에 배정되거나 승진 대상자가 될 수 있도록 당신을 옹호하고, 당신이 직장에서 존재감을 드러낼 수 있도록 정치적 도움을 제공하고, 당신이 없는 곳에서 당신을 변호할 힘이 있는 사람이다. 이처럼 후원자는 당신의 발전을 돕는 데 중추적 역할을 할 수 있지만, 여성들은 여전히 후원자의 도움을 부수적인 것에 불과하다고 생각한다.

과연 그럴까? 당신의 진정한 후원자는 당신이 연봉 협상을 할 때 결정적인 조언을 제공하고, 당신이 조직에서 가장 유익한 학습 기회를 누릴 수 있도록 지원하고, 더 조건이 좋은 부서에서 일할 수 있도록 지지하고, 휴직 후 적절한 복귀 시점에 다시 업무에 투입되도록 힘을 써줄 수 있다. 당신은 이 어마어마한 가능성을 왜 거부하는가? 이 모든 일을 정말 혼자만의 힘으로 해결할 수 있다고 믿는가?

아마 똑똑한 독자라면 이런 질문이 머릿속에 떠다닐 것이다.

'대체 후원자는 왜 굳이 누군가를 적극적으로 도와줄까? 왜 손해 보는 장사를 자처할까?'

한 가지 분명히 해둘 것이 있다. 모든 결정적인 순간마다 후원자가 당신을 절대적으로 지지하는 이유는 후원자가 당신에게 '투자'를 했기 때문이다. 후원자는 물론 이타적인 마음으로 당신을 도와줄 수도 있다. 그러나 그보다 더 큰 비중을 차지하는 것은 자신의 명성이나 조직의 성장을 위한 투자로써 당신의 커리어에 관심을 갖는다는 사실이다. 후원자는 후원 대상을 일종의 '저평가 우량주'로 바라본다. 남들은 보지 못하는 원석을 그 누구보다 먼저 발견해 지지했다는 사실 자체가 그 후원자의 가치를 높여주는 것이다. 그러니 당신은 후원자가 조용히 미소를 짓도록 최선을 다해야 한다. 후원자의 안목이 틀리지 않았다는 사실을 당신 스스로 증명해내야 한다.

후원자는 당신의 성공을 위해 깊은 노력을 쏟을 것이다. 후원 대상인 당신이 할 일은 성과를 내고, 후원자의 브랜드를 세상에 알리고, 미지의 세계에 머물고 있는 후원자를 세상과 연결시키는 것이다. 이 모든 과제를 성공적으로 수행함으로써 당신은 계속해서 후원자의 투자를 얻어내야 한다. 이처럼 후원은 전략적 제휴이자 장기적 퀴드프로쿼(Quid Pro Quo, 라틴어로 '무엇을 위한 무엇'이라는 뜻으로 동등한 교환 또는 보상을 의미한다 - 옮긴이)다.

그러니 이제 당신을 둘러싼 인적 자원에 대해 생각해보라. 현재 위치에 도달하기까지 당신을 지원한 중추적 인물은 누구인가? 자세히 생각해보면 한 명 또는 그 이상의 중요한 사람이 있었다는 사실을 깨달을 것이다. 그들을 다시 당신의 업무에 소환하라. 지금도 보이지 않는 방법으로 당신을 돕고 있는 조용한 후원자들을 찾아내라. 당신의 후원자는 누구인가? 직속 상사, 이전 직장의 상사, 현재 또는 과거 거래처의 대표, 몇 번의 프로젝트에서 만났던 임원 등 가능성은 항상 열려 있다.

후원자가 누구인지 알아낸 후 당신의 커리어 목표가 무엇인지, 당신을 어떻게 지원할 수 있는지, 당신은 답례로 무엇을 할 수 있는지 그들이 알게 하라. 후원자들은 자신이 선사하는 지지와 믿음이 언제나 가치 있게 활용되기를 바란다. 그들의 기대를 저버리지 마라. 건강한 후원 관계를 오랫동안 유지하려면 그 관계가 양방향이어야 한다는 점을 늘 명심하라.

약속을 이행하라

누군가에게 다짜고짜 다가가 "저의 멘토가 되어주겠습니까?"라고 물어보는 것과 마찬가지로, 누군가에게 아무런 사전 교감 없이 후원자가 되어달라고 부탁하는 것은 너무나 한심한 짓이다. 한 번도 만난 적 없는 사람에게 어떻게 후원을 요청하느냐고? 후원은 요청하는 것이 아니라 얻어내는 것이다. 전략적이고 의도적으로 생각한다면 새로운 후원 관계를 구축하는 것도 얼마든지 가능하다.

당신의 기술과 강점을 이미 알고 있고, 당신이 제공하는 도움으로 이익을 얻을 수 있고, 당신이 목표를 향해 나아갈 수 있도록 영향력을 발휘할 수 있는 권력자가 누구인지 파악하는 일부터 시작하라. 당신이 누구에게 보고하는지가 아니라 당신의 상사가 누구에게 보고하는지를 고려하라. 아마 당신은 생각보다 빨리 잠재적 후원자를 찾아내게 될 것이다.

당신의 커리어 경로와 당신이 다다르게 될 목표 등을 고려했을 때 '승부수'가 될 만한 화력을 제공할 선배들은 누구인가? 이들을 식별한 후 관계를 구축해 당신의 역량과 가치를 모두 보여줄 수 있는 방법을 찾아라. 실비아 앤 휴렛은 잠재적 후원자를 탐색하기 위한 방법을 다음과 같이 정리했다.

- 당신을 지지하는 관리자에게 요청해 잠재적 후원자의 눈에 들 수 있는 업무를 맡아라.
- 커리어 개발에 대한 조언을 구하는 공개 회의를 주최해 그곳에 잠재적 후원자를 초청하라.
- 당신을 소개할 수 있는 네트워킹 행사나 비공식 모임에 다섯 번 이상 참석하라.
- 잠재적 후원자가 흥미롭게 여길 프로젝트 협업을 제안하라.
- 잠재적 후원자가 주최하는 내부 네트워크의 일원이 되어라.
- 잠재적 후원자가 속한 동아리에 가입하라.

후원자와 연결될 기회가 생기면 당신이 후원을 받을 가치가 있다는 사실을 보여줘야 한다. 당신이 후원자의 목표와 팀에 무엇을 기여할지 설명해야 한다. 일단 기회를 포착하면 (또는 당신이 그 기회를 만들면) 당신이 왜 그들이 시간과 정치적 자본을 투자할 만한 좋은 투자 대상인지, 당신이 그들을 위해 기꺼이 무엇을 할 것인지, 그리고 그 대가로 당신이 어떤 도움을 받고 싶은지 적극적으로 알려라. 상호 이익의 지점을 명확하고 간결하게 설득하라. 만약 그들이 거절한다면, 당신을 더 적절한 리더에게 안내해줄 수 있는지 물어라.

또한 멘토와 달리 후원자는 당신이 공감하는 리더이거나 당신이 본보기로 삼고 싶은 리더일 필요가 없다는 사실을 기억해야 한다. 후원에서 중요한 것은 특정 리더십 스타일에 대한 친밀감이 아니라, 그저 서로에게 얼마나 더 큰 이익을 줄 수 있느냐다. 너무 어렵게 생각하지 마라. 후원자가 찾는 사람은 눈에 띄는 성과를 내며 충실하고 신뢰할 수 있는 사람이다. 그들에게 인간적인 매력을 보여주려고 애쓰지 말고 그저 당신이 해낼 수 있는 성과 목표를 제시하라. 그리고 그것을 달성하기 위해 당신이 무엇을 하고 있고, 앞으로 무엇을 할지에 대해 후원자에게 설명하라. 기꺼이 더 많은 수고를 할애하라.

혹은 당신이 후원자에게 역멘토링을 제공할 수도 있다. 후원자에게 필요한 기술이나 지식을 당신이 갖고 있다면 그 부분을 집요하게 활용하라. 어쩌면 당신의 전문성이 후원자가 현재 진행 중인 프로젝트에 매우 유용하고 가치 있는 기술일 수도 있다. 또는 당신이 후원자의 이익에 결정적으로 기여하는 귀중한 정보를 보유하고 있을 수도 있다. 그것을 제공하라. 그러니 때에 따라서는 그들이 무엇을 원하는지 먼저 물어보는 것도 잊지 마라.

[체크 포인트 6]

나에겐 어떤 멘토가 있는가

① 현재 당신의 커리어에서 가장 절실한 도움은 무엇인가? 스스로의 상태를 냉정하게 평가하라. 멘토에게 어떤 도움을 얻어야 할지 정확하게 측정하라. 당신이 늘 성공과 성장의 문턱을 넘지 못하고 원점으로 돌아가는 이유는 무엇인가? 도저히 혼자만의 힘으로는 극복하지 못하는 치명적인 단점은 무엇인가?

② 누가 당신의 멘토가 될 수 있을까? 지원과 지도가 필요한 부분을 확인한 후 멘토로 삼기에 적절한 사람이 누구인지 알아보라. 직장 안팎을 살펴보고, 동료나 상사에게 조언을 요청하라. 후보를 정했다면, 그 사람이 지금까지 이룩한 성과에서 당신의 일에 적용할 만한 인사이트를 세 가지만 꼽아보라.

③ 멘토링 계획을 어떻게 짤 것인가? 멘토를 찾고 나면 주도적으로 멘토링 관계를 관리하고 최신 근황을 주 단위로 보고하라. 멘토가 당신에게 제공하는 지식과 정보에 대해 즉각적으로 피드백을 전하라.

[체크 포인트 7]

나에겐 어떤 후원자가 있는가

① 멘토와 후원자의 차이점은 무엇인가? 단지 조언을 제공하는 데 그치지 않고, 당신을 옹호해줄 수 있는 후원자를 찾아 투자를 요청하라.

② 당신이 아는 인물이든 모르는 인물이든 과거에 누가 당신을 후원했는지 그리고 현재 누가 당신을 후원하고 있는지 조사하라. 당신이 없는 곳에서 당신에 대해 좋은 이야기를 해주고 당신의 커리어 구축에 좋은 기회를 갖도록 도우며 당신의 뒤를 받쳐주는 사람은 누구인가?

③ 앞서 확인한 커리어 목표를 달성하기 위해 당신이 찾아내야 할 후원자는 누구인가? 그와 대면할 수 있는 접점을 마련할 전략을 세 가지 이상 마련하라. 그리고 내일 당장 실행하라. 그를 만나 어떻게 악수를 할지, 첫인사로 어떤 말을 할지 미리 정한 뒤 반복적으로 연습하라. 최고의 모습을 보일 다양한 방법을 강구하라.

'나'라는 브랜드를 세상과 연결시키는 방법

당신은 결코 혼자가 아니다

대다수 여성은 네트워크를 구축하려면 자신의 욕망과 야망을 세상에 드러내고, 성과를 자랑하고, 사람들을 이용해 이익만을 좇아야 한다고 생각하는 것 같다. 하지만 순전히 자기 잇속만 차려야 성공으로 향하는 네트워크를 구축할 수 있는 것일까? 만약 네트워킹의 실제 목적이 사람들과 진정으로 가까워지고, 당신이 다른 사람들에게 제공할 수 있는 재능이 무엇인지 발견하는 거대한 과정이라고 생각한다면 어떨까?

당신이 내향적이든 외향적이든 타인과 관계를 맺는 행동은 이미 그 자체로 당신의 신체에 엄청난 자극을 준다. 인간은 모르는 사람과 교류할 때 '옥시토신'이라는 긍정적 호르몬이 혈류로 방출된다. 옥시토신은 다른 사람들과 가까워지는 것을 도울 뿐 아니라, 코르티솔 수치를 낮추고 집중력을 향상시키는 데에 도움을 준다.

수많은 연구에 따르면 풍부한 네트워크를 가진 사람들은 더 높은 성과를 달성하고, 더 빨리 승진하며, 더 많은 돈을 번다. 네트워크를 보유하면 혼자서는 절대로 알 수 없는 지식과 정보를 남들보다 단 1시간이라도 더 일찍 얻을 수 있기 때문이다. 새로운 직장으로 이직할 기회, 해외 파견의 기회, 추가 교육을 받을 기회 등 대부분의 혜택은 '네트워크'를 통해 이루어진다.

세계에서 가장 영향력 있는 심리학자 애덤 그랜트Adam Grant 교수는 '성공의 사다리Ladder of Success' 정점에 오른 수천 명의 사람을 분석했다.[5] 일터에서 직원들은 늘 제한된 자원과 기회를 두고 서로 경쟁한다. 그랜트 교수는 이들을 자기의 이익을 최우선으로 생각하는 '테이커Taker'라고 부른다. 또한 이들은 경쟁에서 벗어나 서로의 이익을 주고받는 '매처Matcher'가 되기도 한다. 하지만 그랜트 교수는 그 어느 쪽도 장기적인 성공을 가져오지 못한다고 주장한다. 그는 자신의 시간, 에너지, 지식, 기술, 아이디어, 인맥 등을 다른 사람들과 관대하게 나누는 '기버Giver'

만이 오직 성공의 사다리 꼭대기에서 가장 오래 머문다는 사실을 발견했다.

기버들은 세 가지 유형 중 가장 느리게 성공하지만 한 번 일정 영역에 도달하면 오랜 시간 꾸준히 축적해놓은 네트워크가 저절로 파장을 일으켜 그 누구보다 안정적으로 가장 높은 곳에 자리를 잡는다. 그렇다면 누구나 쉽게 기버가 될 수 있을까? 우리는 누군가와 가까워질 때마다 선택지를 갖는다. 당신은 명성을 얻기 위해 남의 명성에 흠집을 내는 일을 포기할 수 있는가? 노력한 대가를 포기하면서까지 남에게 성과를 양보할 수 있는가? 이렇듯 수많은 유혹에 맞서는 것이 쉬운 일은 아니다. 우리의 도덕성은 그렇게 뛰어나지 않다.

우리는 당신에게 길에서 마주치는 모든 사람을 도우러 달려 나가라고 조언하는 것이 아니다. 애덤 그랜트 교수의 연구 결과에 따르면, 어떤 기버는 자신의 이익을 충분히 지키면서도 주변 사람들과 대단히 유익한 네트워크를 형성하며 영향력을 확장시켜 나갔다. 이들은 언제나 받는 것보다 더 많은 것을 주변에 제공했지만, 자신이 궁극적으로 추구해야 할 목표를 늘 시야에 둔 채 철저히 균형을 유지했다. 지혜롭고 사려 깊게 기꺼이 협력했으며, 그러면서도 권력을 함부로 휘두르지 않고 소통하며 타인을 옹호했다. 그리고 언제든 자신을 위해서는 주변에 도움을 청했다.

명심할 것이 있다. 성공적인 기버는 누가 요청한다고 해서 곧바로 무언가를 주지 않는다. 그 대신 이들은 스스로에게 끊임없이 이렇게 묻는다.

"나는 어떻게 다른 사람들에게 가장 훌륭한 서비스를 제공할 수 있을까?"

그런 다음 이들은 자신의 강점을 활용하고, 퍼스널 브랜드를 구축하고, 일과 삶의 균형을 지키고, 자신의 목적에 부합하는 방식으로 네트워크를 연결하기 위해 꾸준히 노력한다. 이렇게 해서 이들은 타인을 충실히 도우면서도 '번아웃'을 겪지 않고 늘 긍정적인 변화를 일으킨다. 잘 안 보려고 해서 그렇지, 주변을 둘러보면 훌륭한 기버가 이미 꽤 많이 존재할 것이다.

초창기 미셸은 독자들의 모든 이메일에 답장하고, 모든 전화를 받고, 모든 미팅에 나가려고 노력했다. 하지만 이런 선의를 베푸는 일 때문에 정작 자신에게 가장 중요한 일을 희생하고 포기해야 했다. 미셸은 모든 약속을 취소하고 한 가지 원칙을 세웠다. 그는 매주 수요일 밤을 '선행을 나누는 시간'으로 정한 뒤 이 시간에 긍정심리학 프로그램에 관심이 있는 사람들과 만나 커피를 마셨다.

세계에서 가장 거대한 온라인 네트워크를 구축한 '수줍은 괴짜' 애덤 리프킨Adam Rifkin 역시 이와 비슷한 접근법을 활용하고 있다. 그의 원칙은 이것이다.

'5분.'

이 짧은 시간 안에 해결할 수 있는 문제에 대해서는 타인을 위해 기꺼이 투자한다. 단, 그는 호의를 베푼 사람에게 이렇게 요청한다.

"당신도 나와 마찬가지로 '5분'을 투자해 다른 사람에게 호의를 베풀어주세요."

과연 세계에서 가장 위력적인 네트워크를 구축한 괴짜다운 발상이다.

공감과 질문으로 이끌어라

성공적인 기버들은 외로운 별이 되기보다 세상에 나가 자신의 빛을 타인에게 비추는 일이 더 값지다는 것을 안다. 영업팀, 제지 공장, 레스토랑, 우체국 등 그 어떤 집단이든 기버가 많은 조직일수록 제품이나 서비스의 질과 양이 향상된다.[6]

지혜로운 기버의 가장 중요한 자질은 바로 '질문'이다. 이들은 질문을 이용해 사람들의 의도와 행동에 영향을 미치고, 상대방의 아이디어를 한 단계 더 도약시켜 준다. 질문이야말로 공감을 이끌어낼 수 있는 관계를 구축하기 위해 진정성 있고 사려 깊게 말하는 유일한 방법이라는 사실을 잘 알고 있다.

커리어의 절반 이상을 권력자들과 보낸 미셸은 사람들의 생각과 행동을 바꾸는 진정한 힘이 질문에서 나온다는 사실을 알고 충격을 받았다. 상대의 눈을 마주보며 진정성 있는 표정과 손짓으로 모든 가능성을 열어두고 대화에 임하는 것. 누군가의 행동이나 의견에 진정으로 공감해본 적이 있는 사람이라면 알 것이다. 지혜롭고 쓸모 있는 질문 뒤에는 늘 뜨거운 공감이 따라온다는 것을.

"맞아, 그래서 이제 어떻게 하면 좋을까?"

"내가 당신이었어도 똑같은 결정을 내렸을 것 같아요. 그럼 제가 도울 일은 무엇인가요?"

"그렇게 말해주니 쉽게 이해가 되었습니다. 그럼 그 문제를 해결하기 위한 방법은 무엇인가요?"

세상에 영향력을 행사하는 위대한 기업의 리더들을 인터뷰하고 함께 일하며 우리 두 저자가 깨달은 것은, 조직 내에 수년간 답보 상태에 있던 전략을 승인받고 추진하는 데 결정적인 무기는 바로 진정성 있는 공감 능력과 적절한 타이밍에 질문을 던지는 영민함이라는 것이었다.

성공하는 기버는 그저 손쉽게 착취당하는 호구와는 전혀 다르다. 그들은 사람들이 어디에 집중하는지, 무엇에 자극을 받는지, 어떤 것을 눈여겨보는지 면밀히 관찰한 뒤 가장 현실적인

'윈윈 전략'을 도출해낸다. 그런 뒤 그 거래를 성사시킨다.

만약 모든 여성이 이런 지혜로운 기버로 거듭난다면 어떻게 될까? 팀원의 말에 공감하고 언제나 더 나은 해결책을 찾고자 현명한 질문을 던지는 조직은 얼마나 큰 성공을 거둘 수 있을까? 그리고 나아가 당신이 강력한 멘토와 후원자가 되어 후배 여성을 위해 목소리를 내기 시작한다면 조직에는 어떤 변화가 일어날까? 이 질문들의 답이 바로 LLAW가 추구하는 궁극적 가치다.

브랜드 추진력을 유지하는 방법

힘들게 쌓은 브랜드 가치를 유지하고 확장하기 위해선 어떻게 해야 할까?

(1) 브랜드 가치 파악하기

사람들이 무엇을 생각하는지 알아내는 가장 좋은 방법은 그냥 대놓고 물어보는 것이다. 친구, 동료, 고객, 상사, 거래처 관계자 중 10명 이상에게 다음의 질문을 던져 답변을 요청하라.

- 나를 묘사하는 다섯 단어는 무엇인가?

- 나의 가장 큰 강점은 무엇인가?
- 나의 약점이나 성장 장애 요인은 무엇인가?
- 나의 초능력, 즉 그 누구보다 내가 더 잘하는 것은 무엇인가?
- 내가 도달한, 또는 내가 이룰 수 있는 최고의 커리어 지점은 어디인가?

공통적으로 나타나는 주제가 무엇인지 파악하라. 외부인의 시각과 당신의 시각은 어느 정도 일치하는가? 당신이 알지 못했던, 또는 당신이 일부러 외면했던 강점이 언급되었는가? 사람들이 알려준 정보를 새로운 프로젝트 계획에 반영하라. 좀 더 광범위한 정보를 얻고 싶다면 구글에 당신의 이름을 검색하라. 인스타그램, 트위터, 페이스북 등 SNS 플랫폼에서 당신의 존재를 확인하는 것도 좋은 방법이다.

(2) 브랜드 가치 알리기

스스로를 완벽하게 파악했다면 이제 행동으로 옮길 때다. 어렵게 생각할 필요는 없다. 기존에 이미 구축된 시스템을 적절히 조합하여 활용하면 된다.

SNS 계정 프로필 확인하기: 사용 중인 모든 플랫폼에서 당신의 브랜드를 일관되게 소개하고 있는가? 닉네임, 슬로건, 자기소개

등의 문구를 디테일하게 편집하라.

인사정보기록카드 갱신하기: 아마 이 자료에 대해 진지하게 생각해본 여성은 단 한 명도 없을 것 같다. 심지어 본사 인사팀 직원마저도 이런 자료가 있는지조차 모를 것이다. 사내 담당자에게 문의해 자신의 인사정보기록카드를 갱신할 수 있는지 확인하라. 가능하다면 그 파일을 받아 최신 정보를 반영해 업데이트한 뒤 타사의 채용 담당자, 에이전시 등에 미리 보내라.

직장 내에서 브랜드 구축하기: 당신이 일하는 직장은 이미 그 자체로 훌륭한 리허설 무대다. 당신의 가치가 출중하다는 것에 대한 1차 사회적 검증을 마쳐라. 당신이 참석할 수 있는 모임, 당신이 맡을 수 있는 발표, 당신이 주최할 수 있는 미팅 등을 모두 적극적으로 활용하라. 혹시 사내에서 추진 중인 프로젝트 중에 당신이 주도적으로 나설 수 있는 특별한 프로젝트가 있는가? 또는 당신을 홍보해줄 수 있고 당신에게 도움이 될 가장 효과적인 채널이 있는가? 그런 게 존재한다면 망설이지 말고 출연을 신청하라. 얼굴을 드러내고 당신의 가치를 세계에 알려라.

직장 밖에서 브랜드 구축하기: 회사 밖에서 당신을 더욱 드러내고 싶다는 목표를 지녔다면 당신과 당신의 업무를 홍보할 수 있는 방법을 찾기 시작하라. 업계 워크숍에서 사회를 맡거나 학술대회에 참석하거나 블로그를 만들어 글을 올리거나 잡지에 기고를 하라. 당신이 속한 분야에서 개최되는 모든 이벤트에 얼굴을 비추고 반드시 뒤풀이에 참석하라.

* * *

퍼스널 브랜드를 구축하는 것은 흥미로운 기회다. 삶의 비전을 만들고, 목적을 정의하고, 대체할 수 없는 커리어를 만드는 일은 쉽진 않지만 누구나 반드시 도전해야 할 일이다. 퍼스널 브랜딩 환경은 빠르게 변하기 때문에 꾸준히 공부를 이어가며 자신의 브랜드를 세상에 연결하는 방법을 터득해야 한다. 있는 그대로의 모습을 세상에 드러내고 커리어를 확장해나가다 보면, 혼자서는 해낼 수 없다고 여겼던 일들이 하나둘 실현될 것이다. 우리는 그것을 '성장'이라고 부른다.

[체크 포인트 8]

나는 사람들과 어떻게 관계를 맺는가

① 직장에서 다른 사람들에게 도움을 줄 수 있는 가장 좋은 방법은 무엇인가? 누구에게 무엇을 어떻게 제공할지 구체적으로 계획을 마련하라. 그리고 일주일 안에 실행하라.

② 현재 당신이 다른 사람들과 적극적으로 협업하는 업무의 비율과 외로운 별처럼 홀로 처리하는 업무의 비율이 각각 어떻게 되는가? 만약 어느 한쪽에 편향되어 있다면 그 이유는 무엇인가? 둘 사이의 균형을 맞추기 위해 당신이 할 수 있는 일은 무엇인가?

③ 당신은 지난번 회의에서 몇 개의 질문을 했고, 몇 번의 발언을 했는가? 일반적으로 당신은 커뮤니케이션을 할 때 타인을 지배하려 하는가, 아니면 겸손하고 공감하는 태도로 타인을 이해하려 하는가? 다음 회의에서 당신은 어떤 질문을 던질 것인가? 그 질문을 던지려는 이유는 무엇인가?

④ 다른 사람과 협상할 때 주로 그들의 감정과 취향에 초점을 맞추는가, 아니면 그들의 목표와 상황에 초점을 맞추는가?

⑤ 회사 안팎에서 누군가에게 마지막으로 도움을 청했던 때는 언제인가? 그때 당신은 절친하고 편한 사람에게 연락했는가, 아니면 휴면 관계에 있는 사람에게 연락했는가? 만약 다음 달부터 일주일에 한 번씩 총 3개월간 지인 중 한 명에게 당신의 일이나 당신이 계획 중인 프로젝트에 대한 도움을 진심으로 청한다면 어떤 일이 일어날까? 이 실험을 계속 추적하고 관찰할 수 있는 방법은 무엇일까?

⑥ 리더로서 당신은 '기버'인가, '테이커'인가, '매처'인가? 당신의 팀원들 중에 과도하게 베풀기만 하는 기버나 관계에 부정적 영향을 미치는 테이커는 없는가? 그들의 현재 상태는 어떠한가?

3부

이 모든 것을
어떻게
지속할 것인가

5장

늘 기대 이상으로 해내기

5장을 시작하며

감수의 글

최근의 어느 연구에 따르면, 조직 내 구성원들의 노동생산성Workforce productivity에 가장 큰 영향을 미치는 요인이 구성원들이 지니고 있는 '에너지Energy 수준'이라고 합니다. 조직 경영 이론에서 에너지를 다른 말로 표현하면 '메타Meta 역량'이라고 할 수 있습니다. 메타 역량이란 자신이 지니고 있는 기술력과 전문성이 무엇인지 꿰뚫어보는 능력을 뜻합니다. 즉, 아무리 탁월하고 뛰어난 능력을 갖춘 사람일지라도 자신의 강점이 어디에 잠자고 있는지 모른다면 높은 생산성을 발휘하기 어렵겠지요.

이에 저자들은 조직에서 성과를 낼 수 있는 가장 빠르고 과학적인 요령을 알려줍니다. 목표를 가장 효율적으로 계층화해 한정된 자원을 분산해 투자하고, 노력과 보상이 선순환될 때까지 묵묵히 기다리고, 스트레스의 이중성을 간파해 긍정적인 에너지를 흡수하는 방법 등이 그것들입니다. 그리고 이 모든 것을 주머니에 넣어두고 그때그때 꺼내 쓰는 것이 아니라, 자신의 모든 업무에 동기화시켜 하나의 루틴으로 만드는 방법을 조언합니다.

듀크대학교 연구진은 어느 실험을 통해 인간 행동의 40퍼센트 이상이 의식적인 결정이 아니라 단순한 습관으로 형성되어 있다는 것을 밝혀냈습니다. 하루 24시간 중 수면 시간을 제외한 약 16~18시간에서 절반 가까이가 아무 생각 없이 흘러간다는 것입니다. 이 방대한 시간을 '성공'과 '성장'에 연결되도록 동기화할 수 있다면 어떻게 될까요? 이를 위해 저자들은 이번엔 MIT 연구자들이 찾아낸 '습관 형성의 원리'를 통해 가장 효율적이고 경제적으로 목표를 완수하는 전략을 제시합니다.

하지만 일터에서 자신의 모든 역량을 동원해 새로운 도약을 시도하기 위해선, 우선 지금 딛고 있는 일상과 가정을 단단하게 다져놓아야 합니다. 저자들은 여성이 자신의 삶을 주체적으로 가꾸고 다듬는 것을 '웰빙Well-being'이라고 부릅니다. 최근 실시된 국내 직장인 건강검진 통계 조사 결과를 살펴보면 '비만 검진자'가 전체의 37퍼센트에 육박하고 있습니다. 그리고 끊임없는 과로와 야근 때문에 '번아웃 증후군'을 겪어봤다고 답한 직장인은 10명 중 9명에 달하는 것으로 조사됐습니다. 게다가 여성은 남성보다 이런 '에너지 소진 상태'에 더 많이 노출되어 있는 것으로 밝혀졌습니다. 목표를 향해 끊임없이 스스로를 채찍질하기 때문입니다.

하지만 이렇게 해서는 장기적으로 당사자에게도, 조직에게도 득이 되지 않습니다. 따라서 자신의 건강을 지키려면 '경계'를 세우는 작업이 반드시 필요합니다. 경계란 무엇일까요? 자신의 인생에서 절대 포기할 수 없고 희생할 수 없는 영역에 높고 단단한 울타리를 세워놓는 것을 뜻합니다. 고요하고 튼튼한 자신만의 루틴을 설계한 뒤 그 영역을 단호하게 지키시기 바랍니다. 그것이 조직에서 늘 기대 이상으로 해내는 탁월한 인재로 거듭나는 가장 단순하고 확실한 방법입니다.

목표를 어떻게 유기적으로 관리할 것인가

이제 당신은 세상이 새로운 리더를 원한다는 것을 이해했다. 그리고 자신감 격차를 좁힐 수 있는 방법을 찾아냈으며, 자신만의 퍼스널 브랜드를 구축하기 시작했다. 그렇다면 당신의 삶은 충분히 정리가 되었는가? 업무 목표를 거뜬히 달성했는가?

최선의 노력에도 불구하고 일이 계획한 대로 펼쳐지지 않을 때가 있다. 완벽한 계획을 세웠지만 늘 결과는 초라해 심각한 열등감에 시달리고, 시작하는 프로젝트보다 포기하는 프로젝트가 더 많을 때도 있다. 막강한 멘토와 후원자를 찾았지만 연락이 끊긴 지 수개월이 지났다. 힘겹게 쌓아올린 것이 완전히 무너졌다는 사실보다, 이 모든 것을 다시 쌓아올려야 한다는 사실이 더 숨을 조여온다. 과연 우리는 다시 시작할 에너지를 찾을 수 있을까?

진실은 이것이다. 연구자들은 늘 '시작'보다 '지속'하는 것이 수천 배는 더 어렵다고 주장한다. 인간은 장애물을 만나거나, 계획이 틀어지거나, 정체기에 들어서면 포기할 확률이 급증한다. 지루해지기 때문이다. 더 이상 노력할 가치가 없어 보이기 때문이다.

'이쯤 하면 된 것 같은데?'

'솔직히 오늘 포기하는 것이나 내일 포기하는 것이나 큰 차이는 없는 것 같아.'

무시무시한 합리화가 시작되고 곧 대규모 철수 작전이 시작된다. 고민은 길지만 한번 결정을 내리면 행동은 기민하다. 그렇게 우리는 다시 원점으로 돌아간다.

세계에서 가장 유명한 심리학자 앤절라 더크워스Angela Duckworth는 모든 분야를 통틀어 성공한 사람들의 유일한 공통점이 '포기하지 않는 정신'이라는 것을 밝혀냈다.[1] 그리고 이들은 단거리 달리기가 아니라 마라톤에 임한다는 각오로 모든 일에 대처했다. 더크워스는 이런 사람들을 '그릿Grit'을 가진 사람들이라고 평가했다. 이들은 목표까지 아무리 많은 실패, 방해, 정체를 겪어도 수년에 걸쳐 관심과 노력을 유지한다. 실망이나 지루함 같은 감정을 겪으면, 접근 방식을 바꾸거나 손실을 줄여야 한다는 신호로 받아들이지 않고, 오히려 더욱 진정으로 자신을 받아들이고 전진하라는 신호로 받아들인다.

그러나 안타깝게도 대다수의 사람은 '그릿' 같은 자질을 소수에게만 허락된 천부적인 재능이라고 여긴다. 독일의 철학자 니체는 이렇게 말했다.

"예술가의 작품을 보며 그 작품이 어떻게 완성되었는지는 아무도 볼 수 없다. 그 덕분에 애호가는 마음 편히 작품을 감상할 수 있다. 만약 그 인내와 좌절의 과정을 안다면, 과연 그 예술 작품을 편안한 마음으로 감상할 수 있을까? 천재도 마찬가지다. 그들을 마술 같은 존재라고 생각한다면 더 이상 그들의 노력과 나의 노력을 비교할 필요가 없어지므로 마음이 한결 가벼워진다."[2]

사람들은 하룻밤 사이에 성공한 사람들의 이야기에 열광하지만, 그들이 죽어라 노력하며 보낸 지난 장대한 시간은 가볍게 무시한다. 만약 이 세상이 재능에 의해서만 돌아간다고 믿는다면 사람들은 평생 이런 질문만 나누며 살아야 할 것이다.

"내가 할 수 있는 일은 이것뿐인가?"

하지만 불굴의 노력이 이뤄낼 수 있는 가능성을 존중하다면 우린 다음과 같은 질문을 던질 수 있다.

"내가 무슨 일을 할 수 있을지 누가 알겠나?"

재능이 중요하지 않다고 말하려는 것이 아니다. 재능은 중요하다. 하지만 당신의 재능은 무엇이 가능한지에 대한 단순한 '약속'일 뿐이지 '보장'은 아니다. 수상 경력이 있는 수영 선수들을 대상으로 진행한 한 연구에서 연구자들은 가장 뛰어난 역량은 특별한 재능에 달린 것이 아니라, 수십 가지의 아주 평범한 기술이 습관으로 굳어져 전체적으로 조화를 이루는 것에 달려 있다는 사실을 발견했다. 이들은 선수들이 이 '조화'가 시합 당일까지 유지되도록 자신들의 모든 행동을 일관되고 올바르게 목표에 '동기화'했기 때문에 이길 수 있었다고 결론지었다.

많은 사람이 단단히 착각하고 있는데, 그릿은 '절대로 포기하지 않는 정신'을 뜻하지 않는다. 그보다는, '자신이 지닌 열정을 우선순위에 따라 어떻게 쏟을지 아는 것'이라고 정의하는 게 더 정확하다. 그리고 이 '어떻게'에 대해 우리는 세 단계의 '목표 계층Goal Stratum'을 제안한다. 이는 더크워스 교수의 의견과도 일치한다.

첫 번째 단계인 '최상위 목표'는 4장에서 당신이 퍼스널 브랜드를 쌓기 위해 일찍이 파악한 삶의 목적이다. 이는 당신이 살아가는 '이유'다. 길고 구불구불한 길에서 당신이 궁극적으로 원하는 곳으로 당신을 안내할 나침반이다. 최상위 목표는 당신

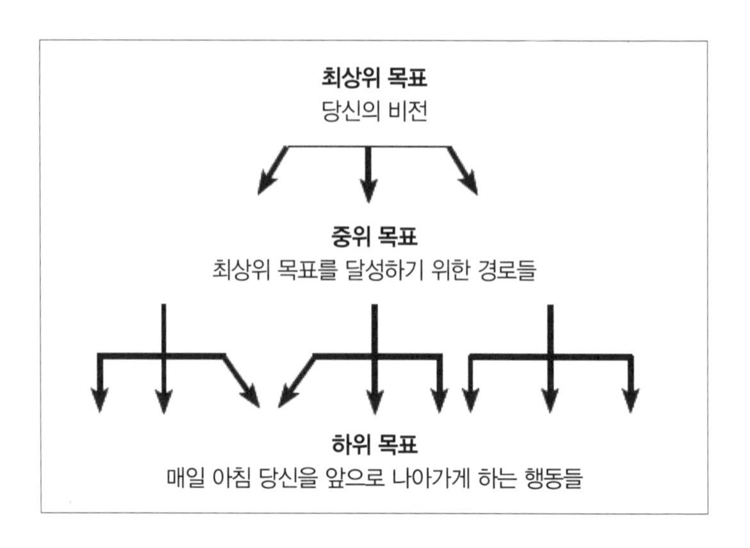

인생의 결말이다. 미셸의 최상위 목표는 '직장에서 사람들의 최고 모습을 이끌어내는 것'이다.

두 번째 단계에는 이 '최상위 목표'를 어떻게 달성할 것인지 설명하는 '중위 목표'가 온다. '중위 목표'는 당신을 앞으로 나아가게 하는 실질적인 목표다. 평생 동안 일궈야 할 거대한 삶의 목적과는 달리, 당장 몇 개월에 걸쳐 추진하고 달성할 좀 더 구체적인 목표를 뜻한다. 당연히 여러 개가 올 수 있다.

마지막으로 맨 아래에는 '중위 목표'와 '최상위 목표'를 이루기 위해 당신이 세부적으로 달성할 '하위 목표'가 온다. '하위 목표'는 당장 오늘, 바로 지금 실행해야 할 가장 구체적이고 작은 목표다.

더크워스는 대다수의 사람이 일관성 있는 목표 계층을 구축하는 데 실패하기 때문에 목표를 달성하지 못한다고 지적한다. '최상위 목표'와 '중위 목표'와 '하위 목표'가 서로 연결되지 않기 때문에 제대로 그릿을 발휘하는 데 어려움을 겪는다고 지적한다. 물론 목표 간의 갈등은 바쁜 일로 가득한 삶에서 겪을 수밖에 없는 자연스러운 현상이다. 예를 들어 모성애와 승진이라는 두 목표가 충돌할 수도 있다. 따라서 많은 사람이 '최상위 목표'를 단 하나만 배치하는 데 큰 어려움을 겪는다. 하지만 더크워스는 단 하나의 '최상위 목표' 아래 여러 개의 '중위 목표'와 '하위 목표'가 갖춰질 때 가장 강력한 그릿을 발휘할 수 있다고 주장한다.

또한 더크워스는 '하위 목표' 중 일부는 언제든 수시로 포기해도 괜찮을 뿐 아니라 때로는 강제로라도 '하위 목표'를 교체해야 한다고 조언한다. 만약 어떤 '하위 목표'를 더 실현 가능하거나, 더 효율적이거나, 더 재미있는 것으로 교체할 수 있다면 모든 수단을 동원해 그렇게 해야 한다는 것이다.

메건은 너무나 바쁜 일상을 사는 나머지 자신이 세운 작은 목표들을 어기기 일쑤였다. 하지만 더크워스의 가르침을 얻은 뒤로는 좀 더 융통성 있게 목표를 관리하게 됐다. 자신이 억지로 반복하는 일 중에서 효과가 별로 없는 것에 대해서는 과감하게 변화를 줄 수 있다는 허가서를 스스로에게 발행한 것이다.

이처럼 '그릿'의 힘은 어떤 대가를 치르더라도 모든 목표를 고수하는 것이 아니다. 어떤 목표를 고수하고 어떤 목표를 포기할지 분명하게 아는 것이다. 그리고 긴 여정에서도 유연함을 잃지 않고 우회로를 발견해내는 능력이다.

폭발적인 도약은 언제 시작되는가

목표를 유기적으로 엮어내는 기술을 터득했다면, 이제 매끈하게 정비된 도로 위를 폭풍처럼 질주하는 일만 남았다. 그렇다면 우리의 폭발적인 성장은 언제 시작될까?

인지심리학자 앤더스 에릭슨Anders Ericsson은 세계적인 수준의 전문성을 획득하는 방법을 연구하는 데 모든 커리어를 바친 사람이다. 그는 탁월한 기술력을 확보하기 위해서는 8~10년에 걸쳐 평균 8000시간에서 1만 시간의 '의도적인 연습'이 필요하다는 결론을 내렸다.[3]

이 의도적인 연습 과정은 매우 고통스럽고 진이 빠지는 시간의 연속이다. 따라서 많은 사람이 처음에는 한두 번 열성적으로 연습에 참여하지만, 자격증이나 과제 같은 당면한 '목표'가 눈에 보이지 않는 이상 며칠 지나 다시 일상으로 복귀해버린다. 시작하는 사람은 많지만 목표를 완수하는 사람은 드문 이유다.

이에 에릭슨 박사는 '시작만 있고 끝은 없는 사람들'에게 일류 연주자들이 악기를 연습하는 '패턴'을 제시해 흥미로운 조언을 건넨다.

세계에서 상위 0.1퍼센트에 속하는 연주자들 중 93퍼센트는 단 1시간일지라도 1회 연습을 마치면 반드시 일정 시간 동안 휴식을 취한다.

'연습과 휴식의 반복.'

이것이 핵심이다. 이들은 이러한 의도적인 '중단'을 통해 자신의 실력이 점차 나아지고 있다는 것을 감각하려 애쓴다. 수십억 다이어터가 시간 단위로 체중을 재는 이치와 똑같다. 장구한 그래프 속에서 자신이 지금 어디쯤에 위치해 있는지 자꾸 확인하려는 것이다.

그리고 전문가들은 이 긴 과정을 '몰입Flow'이라고 부른다. 몰입이란 현재 하는 일에 완전히 빠져들어 시간이 흐르는 것도 잊고, 심지어 자의식마저 모조리 잊게 되는 경험을 뜻한다. 이 황홀한 시간을 얼마나 많이 축적하느냐에 따라 숙달의 속도가 결정되는 것이다. 이 개념은 40년간 시카고대학교 심리학과 교수로 재직했으며 인간의 성장 과정을 최초로 과학적으로 체계화한 미하이 칙센트미하이Mihaly Csikszentmihalyi가 처음으로 제시

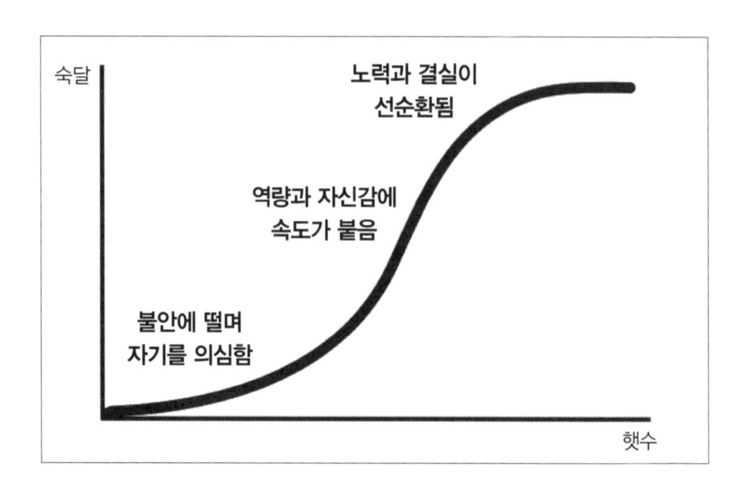

했다.[4] 그는 각 분야에서 최상위에 오른 전문가 수만 명을 대상으로 '몰입'에 이르는 조건과 과정 그리고 그 결과에 대해 분석했다.

수십 년의 연구 끝에 칙센트미하이 교수가 발견한 진실은 이것이다. 인간의 성장 흐름이란 꾸준히 진행되어 뻗어나가는 직선의 모습이 아니라는 것. 그가 방대한 연구를 통해 밝혀낸 인간 성장 그래프는 일련의 작은 점들이 부드럽게 연결된 곡선에 가까웠다.[5]

학교를 졸업한 후 취업한 첫 직장을 떠올려보자. 아마 모든 것에 서툴고 불안했을 것이다. 복사기를 다루는 일부터 택배를 보내는 일까지 회사에서의 모든 일이 자신의 능력을 넘어서는 일이라고 생각하지 않았나?

'내가 과연 여기서 버틸 수 있을까? 빨리 집에 가고 싶어!'

곡선 그래프의 바닥 지점이다. 이 시기에는 그래프의 상승세가 엄청나게 느리게 진행된다. 영영 끝나지 않는 터널에 들어선 것처럼 희망이 보이지 않는다. 절반 이상의 여성이 이 구간을 통과하지 못하고 떨어져 나간다.

그러나 그 암울한 전망을 애써 외면한 채 지속적으로 '의도적인 연습'을 반복하다 보면 자기도 모르는 사이에 '몰입'의 경지에 이른다. 곡선은 견인력을 얻기 시작하고 순식간에 급경사를 타고 위로 도약한다. 역량과 자신감에 가속이 붙고 노력과 결과는 무한히 선순환을 만들어낸다. 그다음에는? 우리가 마주한 수많은 경력직 여성의 사례는 에릭슨의 연구 결과와 대체로 비슷하다. 이 선순환 곡선에 들어선 여성 리더들은 평균적으로 7~8년 정도 흐르면 그래프의 최고점에 도달한다.

워크숍을 진행하면서 우리는 수많은 40대 여성 중간관리자를 만났다. 그들은 놀라울 정도로 열성적으로 일하고 있었고, 언제나 목표를 달성하려고 시도 때도 없이 휴대전화를 들여다봤다. 대다수의 여성이 팀에서 두세 명 이상의 몫을 해내고 있었으며, 자신이 하고 있는 일을 자신이 아니면 그 누구도 해결할 수 없는 업무라고 믿고 있었다. 그리고 그 믿음은 모두 진실이었다. 대다수의 여성이 조직에서 독보적인 전문성을 지니고 있었으며, 이는 다른 남성 직원보다 월등히 빠른 성장 속도였다. 이들은 모든 직장인이 원하는 것을 다 가진 것처럼 보였다. 하지만 그들의 마음속 깊은 곳에는 늘 채워지지 않는 허전함이 있었다.

그런데 이 이야기, 혹시 당신 이야기처럼 들리진 않나? 단 1분도 쉬지 않고 업무에 매달려 팀원들에게 인정받는 팀장이지만, 노력하고 희생한 것에 비해 늘 초라한 성과만 얻고 있다고 자책해본 적 없는가? 자꾸만 경쟁에서 밀리고 있다는 초조함에 괴로워해본 적 없는가? 잘 안다. 우리 저자들도 커리어를 쌓으며 그런 혼란을 늘 느꼈다.

어쩌면 당신은 칙센트미하이 교수가 말하는 '성장을 향한 긴 터널 구간'을 지나고 있는 것일지도 모른다. 그러니 조금만 더 버텨라. 성장은 일관성 있는 속도로 내달리지 않는다. 어느 한 순간 캄캄한 어둠이 사라지고 찬란한 빛이 온몸을 감싸듯 느닷없이 찾아온다. 당신은 곧 가파른 성장세에 올라타게 될 것이다. 그때까지 차분히 기다려라.

왜 아무도 우리에게 이런 이야기를 해주지 않았을까? 우리를 불안에 떨게 하는 그 순간들이 실은 학습 과정의 당연한 일부였고, 그 어두운 구간만 통과하면 금세 나아질 것이라는 사실을 말이다. 이를 미리 알고 있었다면 우리는 좀 더 차분하고 침착하게 연습에 매진할 수 있었을 것이다.

6년간 회계 업무를 담당하며 팀장 자리에까지 오른 로렌은 한때 자신이 사랑했던 일이 왜 지금은 생각하기도 싫은 암덩어리와 같은 존재가 되었는지 도저히 이해할 수 없었다. 자신에게 심각한 문제가 있다고 생각한 로렌은 정확한 원인을 확인하려고 우리 프로그램에 참여했다. 로렌의 문제는 무엇이었을까?

생각보다 많은 여성이 자신이 생각하는 꿈의 크기를 지나치게 과소평가한다. 그들은 커리어의 최종 목표를 불과 10년 내외면 다 이룰 수 있을 것이라고 장담한다. 틀린 말은 아니다. 왜냐하면 그들은 진짜 10년 내외면 누구나 이룰 수 있는 소박한 목표를 세우기 때문이다. 하지만 그렇게 해서는 몰입에 이를 수 없다. 진정한 몰입에 이르기 위해서는 긴 시간이 필요하다. 사람마다 다르지만, 최소한 15~20년은 필요하다.

따라서 우리가 해줄 조언은 단순하다. 더 큰 목표를 세워야 한다. 더 큰 '최상위 목표'를 세워야 한다. 그리고 그 원대한 목표가 현실이 될 때까지 한눈팔지 말고 반복해야 한다. 만약 당신이 회사에서 꽤 존재감 있는 직책에 올랐음에도 여전히 비슷한 일을 수행하며 성공과는 거리가 멀어지고 있다고 느낀다면, 그 감각은 당신이 바다로 나아갈 준비가 끝났다는 신호일지도 모른다. 그동안 우리는 너무 작은 생각만 하며 너무 작은 꿈만 꾼 것은 아닐까? 당신의 커리어 목표가 당신의 능력과 야망에 비해 지나치게 소박한 것은 아닌지 점검하라.

스트레스는 당신을 죽이는가, 성장시키는가

지금까지 너무 긍정적인 이야기만 한 것은 아닌가 걱정된다. 우리가 두 발을 딛고 서 있는 현실은 언제나 빛과 어둠이 공존한다. 예상치 못한 함정이 즐비하고, 감당할 수 없는 무기력이 엄습한다. 바로 어제까지 투지와 열정으로 흘러넘쳤던 마음이 하루가 지나자 꽁꽁 얼어붙는다. 그리고 이때마다 우리는 극심한 자괴감에 시달린다. 마치 수천 개의 바늘이 머릿속에 굴러다니는 것 같은 극심한 정신적 통증을 느낀다. 우리는 이를 '스트레스'라고 부른다.

처음으로 팀장이 되어 회사에서 지원하는 학위 획득 프로젝트에 참여하게 되었을 때만 해도 메건은 뜨겁고 뭉클한 희망에 휩싸여 있었다. 메건은 단 한 번도 공부 때문에 좌절을 겪은 적이 없었고, 학위 획득은 '여성 리더십의 실체를 이해하고 그 원리를 세상에 전파하겠다'는 자신의 '최상위 목표'와도 대단히 잘 어울렸다. 하지만 막상 박사학위 과정이 시작되자 논문 개요에 대해 생각할 겨를도 없을 정도로 회사 업무가 그를 재촉했고, 아무리 머리를 쥐어짜도 적당한 논문 주제는 떠오르지 않았다. 불과 몇 개월 만에 메건은 자신의 삶이 '완전히 망해버렸다'고 생각했다.

우리는 앞에서 자신의 강점을 탐구하고 그것을 토대로 끊임없이 성장하는 성공 공식을 찾아냈다. 하지만 아무리 완벽한 이론일지라도 현실에 적용하는 순간 수많은 변수가 발목을 잡아끌기 시작할 것이다. 자신만만하게 새로운 목표를 향해 전진했던 메건은 업무와 학업을 병행하던 그 시기가 '선인장 가시 끝에 앉아 있는 기분'이었다고 고백한다. 취약성을 드러내고 프레즌스를 발휘하려 노력했지만, 극심한 스트레스 앞에서는 모든 것이 무용했다.

대다수의 사람이 '스트레스 호르몬'을 우리 삶에서 제거해야 할 독소로 여긴다. 심장이 뛰고, 호흡이 가빠지고, 위가 뒤틀리는 것을 느낄 때마다 우리는 스트레스 반응을 멈추게 하는 것만이 최우선 과제라고 생각한다. 이 가공할 적 앞에서 우리는 정말 무력하게 당할 수밖에 없을까? 스트레스는 우리의 규칙적이고 평온한 인생을 갉아먹는 '조커Joker' 같은 존재일까?

수십 년간 스트레스가 인간의 삶에 미치는 영향을 추적한 건강 심리학자 켈리 맥고니걸Kelly McGonigal은 이렇게 말한다.

> 스트레스는 대체로 인체에 유해한 영향을 미친다. 단, 사회에 긍정적 영향을 미치는 일을 수행할 때는 그렇지 않다. 스트레스는 대체로 사망 확률을 증가시킨다. 단, 목적의식을 지니고 있을 때는 그렇지 않다. 스트레스는 대체로 우울증에 걸릴 확률을 증가시킨다. 단, 먼 미래에 이익을 얻을 수 있다는 확신이 있을 때는 그렇지 않다.

> 스트레스는 대체로 사람의 정신을 마비시킨다. 단, 스스로 유능하다고 생각할 때는 그렇지 않다. 스트레스는 대체로 심신을 약화시킨다. 단, 스트레스가 당장의 성과를 창출할 때는 그렇지 않다. 스트레스는 대체로 사람들을 이기적으로 만든다. 단, 그 행동이 결과적으로 사람들을 이타적으로 만들 때는 그렇지 않다.[6]

스트레스의 작동 원리는 단순하다. 어떤 위협이나 위기에 처했을 때 인간의 뇌는 그곳에서 도망치기 위해 일부러 스트레스 호르몬을 일으킨다. 불편하고 불쾌한 감정을 느끼게 해 사태의 심각성을 깨닫게 하는 것이다. 연구자들은 이를 '투쟁 도피 반응Fight or Flight Response'이라고 부른다. 긴박한 상황과 마주했을 때 나타나는 생리적 반응이라고 보면 된다. 투쟁 도피 반응은 우리 몸에 '두려운 에너지'를 일으키고 오직 자신의 몸을 방어하는 데 모든 역량을 투입하도록 명령한다. 위기에 처했을 때 시야가 좁아지고 편협해지는 것도 바로 이 때문이다. 생존이 모든 가치를 압도하는 것이다. 투쟁 도피 반응이 길어지면 면역 기능이 손상되고 뇌가 과부하를 겪게 되어 우울증으로 이어질 수 있다.

그러나 스트레스가 발생했을 때 우리 몸은 단 하나의 반응만 보이는 것이 아니다. 만약 심장이 쿵쾅거리거나 호흡이 빨라지는 이유가 당신의 몸이 당신에게 더 많은 에너지와 힘을 가져다주기 위해서라면? 만약 나비가 날아다니는 것처럼 배 속이 뒤

틀리는 기분이 당신이 진정으로 원하는 것이 가까이 있음을 알려주는 신호라면?

스트레스가 반드시 좋은 것이라고 확언할 순 없지만, 반대로 무조건 배척해야 할 독성 물질이라고 치부하는 것도 옳지 않다. 스트레스는 인체의 안전을 위해 고의적으로 불안을 느끼게 하는 심리적 방어 장치다. 극심한 스트레스 상황에 놓일 때 인간의 몸은 엔도르핀, 아드레날린, 테스토스테론, 도파민 등으로 이루어진 강력한 혼합물을 생성하며, 이는 인생의 거대한 산을 넘는 데 귀중한 영양분으로 사용된다.

맥고니걸 박사가 제시하는 실험 결과는 이러한 우리의 주장과 완벽하게 일치한다. 스트레스 상황에 몰린 학생들은 그렇지 않은 학생보다 시험에서 훨씬 더 높은 점수를 받았다. 같은 상황에 놓인 운동선수들 역시 더 높은 승수를 기록했다. 고의적으로 스트레스 상황에 스스로를 놓아두는 외과 의사들은 편안한 기분으로 수술에 임하는 의사들보다 더 어려운 수술을 더 성공적으로 마쳤다. 스트레스 상황에 익숙한 파일럿일수록 비행 시뮬레이션 중 엔진 고장 상황을 맞닥뜨렸을 때 항공기 데이터를 더 잘 활용해 더 안전하게 착륙했다.

인간이 스트레스를 받을 때 보이는 반응은 투쟁 도피 반응 외에도 한 가지가 더 있다. 바로 '배려 친교 반응Tend-End-Befriend Stress Response'이다. 스트레스 상황에 놓일 때 대화를 나누며 유대감을 공유할 수 있는 대상을 찾으려는 생리적 반응을 뜻한다. 투쟁 도피 반응이 우리를 더 공격적이고 내향적으로 만든다면, 배려 친교 반응은 우리를 더 온순하고 사회적으로 만든다.

맥고니걸 박사는 인간이 적당량의 스트레스를 받을 때 타인을 돌보고 자신을 희생하는 성향이 더 강해진다는 사실을 발견했다. 배려 친교 반응이 발동되면 두뇌에서 두려움을 담당하는 영역이 억제되고, 공감하고 신뢰하고 연결하는 영역이 활성화된다. 옥시토신 분비 수치가 증가하고 도파민이 폭발적으로 쏟아진다. 인간은 너무 편안하고 평범한 일상에서는 사회를 위해 무언가를 해야겠다는 생각을 하지 않는다. 적당한 일상에 내몰려 있는 직장인일수록 사회적 활동에 더 큰 욕구를 느끼는 것이 바로 이 때문이다.

예를 들어 맥고니걸 박사는 자연재해가 일어난 후 자원봉사를 하는 사람들이 삶의 스트레스에 더 낙관적이고 활력을 느끼며 덜 지친다는 점에 주목한다. 배우자가 사망한 후 다른 사람을 돌보면 우울감도 감소하는 것으로 밝혀졌다. 또한 불치병을 이겨낸 자원봉사자들은 더 많은 희망을 경험하고 우울감을 덜 느끼며 흔들리지 않는 목적의식을 느낀다.

스트레스를 없애기 위해 노력하는 대신 스트레스를 받아들이는 연습을 해본다면 어떨까? 그 구체적인 방법은 다음과 같다.

첫째, 스트레스를 인정하라. 스트레스가 찾아오면 경계는 하되 모든 정신을 기울여 예민하게 대응하지는 마라. 불청객이 내 몸과 정신 속에서 어떤 일을 벌일지 조용히 지켜보라. 둘째, 스트레스가 당신이 현재 몰두하고 있는 일을 도울 수 있을지 신중히 판단하라. 스트레스의 이면에 있는 긍정적 동기와 내 눈앞의 업무를 연결할 수 있는가? 현재 무엇이 위태로운 상황에 있으며, 그것이 당신에게 왜 중요한가? 스트레스로 인해 거칠어진 감정이 당신을 한 방향으로 밀어붙이는 것처럼 느껴지더라도, 당신이 원하는 반응에 초점을 맞추면 최악의 상황에서도 희망을 발견할 수 있을 것이다. 셋째, 스트레스를 억압하고 통제하려고 에너지를 낭비하는 대신, 스트레스라는 원초적 힘을 내면의 에너지로 전환하는 데 집중하라. 당신의 가치와 목표를 실현하는 데 스트레스 에너지가 마중물이 될 수 있지 않을까?

연구자들은 스트레스를 잘 극복하는 방법으로 무조건 낙천적이고 긍정적으로 생각하려고 애쓰는 대신, 자신에게 닥친 일의 긍정적 영향과 부정적 영향을 모두 인정하고 스트레스를 학습과 성장의 발판으로 마련하라고 조언한다. 테러 공격을 겪은 후 부정적 변화와 긍정적 변화를 모두 보고한 사람들은 긍정적 변화만을 보고한 사람들에 비해 외상 후 성장을 지속할 가능성이 더 높은 것으로 밝혀졌다. 스트레스는 결코 하나의 표정만 짓지 않는다. 이 양면성을 이해할 때 비로소 스트레스는 우리 삶을 전진시키는 연료가 될 수 있다.

[체크 포인트 9]

나는 목표 계층을 어떻게 관리하는가

① 당신은 장기적인 목표를 달성하기에 충분한 '그릿'을 가졌는가? '그릿 스케일' 테스트(angeladuckworth.com/grit-scale/)로 당신의 그릿 수준을 측정하라.

② 진정한 리더가 되기 위해 시작하고 싶은 행동 목록을 작성하라. 그것들을 모두 한 장의 종이 위에 적어보자. 반드시 하나도 빠짐없이 모두 적어야 한다.

③ 이 행동 목록을 살펴보며 당신의 커리어에서 가장 중요한 다섯 가지에 동그라미를 그려보자. 이것이 바로 당신의 '최상위 목표'이다.

④ 이번에는 당신의 행동 목록을 살펴보며 일 외의 일상에서 당신에게 가장 중요한 다섯 가지를 선택하라. 이것이 당신의 '상위 목표'이다.

⑤ 이 목표들을 매일 볼 수 있는 곳에 붙여두면 당신이 가장 열정을 지

닌 프로젝트에서 집중력을 유지하는 데 큰 도움이 된다.

⑥ 그릿은 우리 안에 존재하지만, 우리가 속한 문화에 의해서도 형성된다. 당신의 팀은 그릿을 얼마나 가지고 있는가? 장기적인 목표를 함께 달성하는 데 필요한 열정과 끈기를 가졌는가? 앞서 언급한 '그릿 스케일' 테스트를 활용해 팀 전체의 그릿 수준을 측정하라.

[체크 포인트 10]

나는 스트레스에 어떻게 대처하는가

① 스트레스에 대해 당신이 어떤 믿음을 갖고 있는지 점검하라. 당신은 스트레스를 무조건적인 악으로 규정하는가? 당신은 앞으로의 여정에서 '불편'을 편안하게 받아들일 의향이 있는가?

② 당신은 극심한 스트레스를 받을 때 어떻게 대처하는가? 당신만의 대응법이 있는가? 스트레스를 적절히 해소하고 관리하는 요령을 배우려고 꾸준히 노력하고 있는가?

③ 당신의 팀은 스트레스에 어떻게 반응하는가? 팀원들은 스트레스의 다양성을 폭넓게 이해하고 있는가? 당신의 팀은 일하면서 느끼는 극심한 좌절감과 무기력을 에너지로 전환하는 방법을 알고 있는가?

삶에서 미친 듯이 해야 할 건 아무것도 없다

삶의 43퍼센트는 습관으로 이루어져 있다

앞에서 조직과 개인의 성과를 달성하는 도구들을 다루는 방법을 알아봤다면, 이제는 우리의 일상을 좀 더 단단하고 안정적으로 가꾸는 요령을 알아볼 차례다(우리는 당신이 여기까지 묵묵히 잘 따라왔다는 점에 대해 진심으로 기쁘게 생각한다. 이제 이 여정의 끝이 얼마 남지 않았다). 일상이 만족과 기쁨으로 무성한 숲을 이룰 때 비로소 더 나은 리더십이 발휘될 수 있는 법이다. 일상이 불안하면 회사에서의 일과 역시 불안정하고 휘청거릴 수밖에 없다.

워크숍에 참여한 거의 모든 여성은 뛰어난 자질과 잠재력을 지니고 있었다. 그들은 우리에게 무언가를 배우기 위해 귀한 시간을 할애했지만, 오히려 우리가 그들에게 배워야 할 순간이 더 많았다. 하지만 절대 다수가 자신의 삶을 내동댕이친 채 정신없이 오직 앞으로만 전진하고 있었다. 그들은 매서운 눈빛으로 우리에게 이렇게 말하는 것만 같았다.

'일상 따위 포기한 지 오래예요. 둘 다 가지려는 건 프로답지 못한 태도죠.'

우리는 당신이 시간을 최대한 효율적으로 활용하기 위해 얼마나 노력하는지 추호도 의심하지 않는다. 수면 시간을 쪼개서 새벽에 출근하고, 사랑하는 사람과의 식사를 포기하면서까지 거래처 미팅에 나가고, 운동을 할 유일한 기회인 주말에도 회사에 출근해 보고서를 작성하고 있다는 것을 잘 안다. 그러나 이러한 선택은 장기적으로 볼 때 '좀 더 편하게 등산을 하겠다고 로프와 물통 따위를 등산로 초입에 내버려두고 산을 오르는 짓'과 동일하다.

듀크대학교 습관연구소는 최신 뇌과학과 심리학을 동원해 인간 행동의 근원을 연구해왔다. 그 결과 인간 행동의 무려 43퍼센트가 의식적인 선택이 아니라 단지 습관에 의해 작동된다는 것을 밝혀냈다.[7] 하지만 이는 엄청나게 새로운 발견은 아니다. 현대 심리학의 아버지 윌리엄 제임스William James는 이미 한 세기 전에 다음과 같이 경고했다.

> 우리 모두의 삶은 어느 정도는 뚜렷한 형태를 갖추고 있지만 실용적, 감정적, 지적 습관으로 가득한 측면이 다소 있다. 삶은 우리의 행복이나 불행을 위해 체계적으로 조직되었으며, 어떤 불행이 닥치든 우리를 자신의 운명을 향해 나아가게 한다. 말하자면 인간은 하나의 거대한 '습관 덩어리'인 셈이다.

매사추세츠공과대학교의 괴짜 과학자들은 제임스의 충고를 계승해 대단히 실용적인 '습관 활용 플랜'을 개발했다.[8] 그들은 인간의 습관 행동이 '큐Cue, 루틴Routine, 리워드Reward'라는 단순한 고리 안에서 반복적으로 작동한다는 사실을 발견했다. 이를 닦는 습관을 예로 들어보자. 큐는 잠자리에 들 준비를 하는 것이고, 루틴은 칫솔질을 하고 치약을 뱉은 후 입을 헹구는 것이며, 리워드는 상쾌한 느낌과 침대다. 큐가 발동되면 자동으로 루틴과 리워드가 발동되도록 삶을 설계함으로써 이 일련의 '행동 고리'를 하나의 강력한 습관으로 정착시킬 수 있는 것이다. 만약 당신이 24시간이라는 수정할 수 없는 삶의 조건을 손에 쥔 채 과중한 업무와 치열한 육아와 열렬한 사랑 사이에서 갈등하고 있다면 이들의 조언을 새겨들을 필요가 있다.

첫째, 좋은 '큐'는 습관을 시작하는 데 드는 활성화 에너지의 양을 절약해준다. 어마어마한 의지력과 투지가 없어도 손쉽게 좋은 행동이 반복되도록 이끌어주는 것이다. 이미 우리 삶에 고정된 특정한 행동에 또 다른 행동을 덧붙이는 것도 좋은 방법이다. 예를 들어 잠자리를 준비하는 행동에 가볍게 전신을 스트레칭하는 행동을 덧붙일 수도 있다. 또는 특정한 상황과 특정한 행동을 결합시키는 것도 가능하다. '팀원들과 레스토랑에 가면 반드시 건강한 샐러드만 주문하겠다!' 이렇게 미리 선언하고 그 계획을 행동으로 옮겨보자. 그렇게 하면 실제로 그 상황에 처했을 때 무엇을 해야 할지 손쉽게 결정할 수 있다.

둘째, '루틴'은 어떤 신체 행동일 수도 있고 무언가를 떠올리는 정신 활동일 수도 있다. 또는 특정한 감정 그 자체일 수도 있으며 엄청나게 복잡하거나 지극히 단순한 것일 수도 있다. 모든 것은 당신이 달성하려는 목표에 달려 있다. 아주 오래 연습할수록 신경 경로가 성장해 루틴을 반복하는 일이 더 쉬워지고 즐거워진다.

셋째, '리워드'는 대다수의 사람이 놓치는 단계다. 하지만 습관을 더 잘 유지하도록 도와주는 것이 바로 리워드다. '할 일 목록'에 체크 표시를 하거나, 좋은 소식을 공유하거나, 감사 일기장에 글을 적거나, 향긋한 차를 내리거나, 샌드위치에 햄을 한 장 더 넣거나. 이런 기분 좋은 경험은 루틴에 대한 긍정적 기억을 만들어내는 호르몬을 배출한다. 따라서 다음 큐가 발동될 때 루틴을 반복하고 싶다는 마음이 자동으로 떠오르게 되는 것이다. 습관을 반복하고 싶다면 당신이 달성한 것에 대해 마음껏 축하하라.

삶을 습관으로 체계화하는 것은 불가능한 일을 가능하게 만들겠다는 무모한 시도가 아니다. 단지 언제 어디서든 최악의 선택을 피하도록 최소한의 장치를 마련하는 것이다. 습관으로 무장된 삶은 쉽게 무너지지 않는다.

"싫다"라는 말은 군더더기 없는 완전한 문장이다

LLAW에 참여한 여성들은 불가능할 것 같던 과제를 성공적으로 완수하고, 팀의 매출을 수년 안에 정상 궤도에 올리고, 조직의 성장을 견인할 굵직한 계약을 거뜬하게 따내는 등 회사 일은 척척 해냈지만 일상과 가정에서는 정반대였다. 따라서 우리는 워크숍 맨 마지막에 '경계 짓는 법'을 가르친다.

가장 먼저 할 일은 직장과 삶의 경계가 어디에 있는지 확인하는 작업이다. 더 자주 아이들과 시간을 보내고, 헬스장에 가고, 친구들과 술자리를 가져라. 그 소중한 시간을 확보하기 위해 굵고 선명한 선을 그어라. 워크숍을 수료한 뒤 많은 여성 리더가 스마트폰을 끄는 시각을 정했다. 자신과 남편 중 누가 몇 시에 아이들을 돌볼 것인지 책임의 경계를 명확하게 관리하기 시작했다.

경계가 무엇인지는 중요하지 않다. 중요한 것은 자신만의 경계를 스스로 긋고 실행하는 것이다. 요점을 이해하고 나니 대단히 합리적인 조언으로 들리지 않는가? 그렇다. 미친 듯이 해야 될 일은 아무것도 없다.

그런 날이 오면 싫겠지만, 우리는 언젠가 반드시 남의 면전에 대고 "싫습니다"라고 말해야 한다. 이 단어는 짧은 문장이지만 큰 공포를 유발하고, 당신을 당황하게 하고, 당신의 자신감을 무너뜨린다. "싫다"라고 말하는 것은 왜 그렇게 힘들까? 거절하는 행위는 거의 본성을 거스르는 일처럼 느껴진다. 하지만 명심하라. "싫다"라는 말은 완벽한 문장이다. 삶에서 가장 중요한 것을 보호하기 위해 경계를 설정했다면 이에 대해 구구절절 변명할 필요가 없다. 물론 상대가 그 이유를 물어본다면 단호하고 담대한 목소리로 설명해줘라. 무례하고 일방적인 요구가 당신의 삶을 어떻게 위협하고 뒤흔드는지를 차분하게 말해줘라. 다시는 그런 당돌한 요구를 하지 못하도록.

그러니 말하라. 습관과 마찬가지로, 거절하는 행동 역시 자주 반복할수록 자연스럽고 익숙해진다. 처음에는 힘들 것이다. 당신은 착한 사람이고 그 누구도 실망시키고 싶지 않기 때문에. 그러나 당신이 진정으로 원하는 것을 소유하고 싶다면, 즉 '최상위 목표'를 하루라도 빨리 달성하고 싶다면 당신은 그 문장을 반짝이 가루처럼 여기저기 뿌리고 다니게 될 것이다. 그러니 우리를 믿고 단호하게 말하라.

우리가 해야 할 일은 그저 존재하는 것이다

우리가 전체 프로그램 과정 내내 참여자들에게 가장 많이 하는 조언은 이것이다.

"너무 빠르게 달리진 마세요."

누구나 새 컴퓨터를 사고 새 운영체제를 설치했을 때의 설렘을 느껴봤을 것이다. 클릭만 하면 0.1초 만에 프로그램이 실행되고, 동시에 수십 가지 모든 명령을 내려도 거뜬하게 수행한다. LLAW를 수료한 참가자도 마찬가지다. 마치 오늘 당장 삶이 송두리째 바뀔 것만 같고, 모든 일이 일사천리로 해결될 것만 같다. 하지만 현실은 이와 다르다. 현실에선 좀 더 정교한 완급 조절이 필요하다. 우리는 당신에게 정말 마지막으로, 지금까지 알려준 지식과 정보와 노하우 등을 언제 어떻게 꺼내 사용할지 그 요령을 알려줄 것이다. LLAW 프로그램의 궁극적인 지향점은 더 많은 일을 더 빨리 해내는 것이 아니라, 당신이 어떤 상황에 처해도 품위를 지키며 일을 확실하게 끝마칠 수 있도록 돕는 것이다.

(1) 내 몸의 리듬 찾기

두뇌, 심장, 혈압, 체온, 호르몬 등 우리 몸의 거의 모든 시스템은 주기적으로 저마다 고유한 파동을 일으킨다.[9] 그러나 안타깝게도 우리는 이러한 몸의 신호를 너무 자주 무시한다. 그보다는 카페인, 설탕, 니코틴 등 외부 물질을 자연스러운 생리학적 리듬보다 더 자주 접한다. 이런 물질들은 짧고 폭발적인 에너지를 제공하지만 우리를 과도하게 흥분하게 만든다. 결과적으로 몸과 정신이 피폐해지고 금세 피곤해진다. 생리학적 리듬을 이해하면 앞으로 나아가야 할 때와 속도를 늦춰야 할 때를 분별하고, 계속해야 할 때와 포기해야 할 때를 판단하는 일이 더 쉬워진다. 연구자들은 이러한 파동을 '초일주기 리듬Ultradian Rhythm'이라고 부르며, 휴식 시간을 포함한 '90분 주기'로 일을 할 때 최고의 생산성을 발휘할 수 있다고 조언한다.

(2) 풍요로운 시간을 누리기

시간을 어떻게 바라보고 활용하는지가 삶의 거의 모든 부분을 결정한다.[10] 안타깝게도 여전히 많은 여성이 자신이 업무를 수행하는 데 필요한 시간을 과소평가한다. 그리고 자신이 쓸 수 있는 시간보다 훨씬 더 많은 약속을 잡고, 프로젝트를 추진하느라 늘 압박감에 휩싸여 있다. 우리는 이를 '시간 기근Time Famine'이라고 부른다. 연구에 따르면 시간이 풍요롭다고 느낄 때가 물질적으로 부유하다고 느낄 때보다 훨씬 더 큰 행복감을 가져다 준다는 것이 밝혀졌다. 만약 끊임없이 제정신이 아니거나, 미친 듯이 바쁘거나, 마감 시각에 쫓기고 있다면 그것이 진정 당신이 원하는 삶인지 자문하라. 하루는 누구에게나 동일한 시간이다. 그러나 누구는 미친 사람처럼 하루를 보내고, 또 누구는 늘 남들보다 반 박자 천천히 움직인다. 진실은 이것이다. 우리는 우리가 선택하는 것만큼만 바쁘다. 당신이 쥐고 있는 시간을 현실적으로 평가하라. 예상했던 것보다 더 오랜 시간이 걸릴 것 같다면 과감하게 일정을 조정하라. 장기적으로 볼 때 우리의 조언이 틀리지 않으리라는 사실을 당신은 분명히 알고 있을 것이다.

(3) '할 일 목록' 말고 '한 일 목록' 만들기

매일 해야 할 일을 적어놓고 관리하는 작업은 시간을 아껴 쓰는 데 매우 중요한 단계다. 하지만 가슴에 손을 얹고 솔직하게 대답해보자. 정말 그 목록을 만드는 일이 당신에게 도움이 되는가, 아니면 당신을 낙담하게 하는가? 혹시 빽빽한 '할 일 목록'을 보기만 해도 짜증이 솟구치진 않는가? 우리의 말을 오해하지 마라. 우리도 목록 없이는 살 수 없다. 하지만 모든 할 일을 마친 후에도 내일이 밝으면 완전히 새로운 목록이 나를 기다리고 있다는 사실은 언제나 사람을 맥 빠지게 만든다. 인간의 긍정적 감정을 연구해온 바바라 프레드릭슨Barbara Fredrickson 교수는 거창한 '할 일 목록' 대신 '한 일 목록'을 만들 것을 제안한다. 이 목록은 당신이 충분히 최선을 다해 하루에 임하고 있다는 것을 시각적으로 보여줄 뿐만 아니라, "오늘은 이쯤 해도 충분하겠네!"라고 혼잣말을 할 수 있게 만들어줄 것이다.

(4) 그냥 존재하기

하루 중 짧은 순간을 그저 숨만 쉬고 존재하는 데 온전히 투자하라. 메건은 LLAW 프로그램 참가자들에게 요가 호흡의 심오한 가치를 가르친다. 1부터 4까지 세며 숨을 들이쉬고, 5부터 8까지 세며 숨을 참고, 9부터 12까지 세며 숨을 내쉬고, 13부터 16까지 세며 숨을 참는다. 짧은 16박자의 호흡이 당신의 삶과 일을 더욱 맑고 차분하게 만들어줄 것이다. 이를 경험한 참가자들은 모두 깜짝 놀라 눈을 크게 뜨며 서로를 쳐다보곤 한다. 다시 강조하지만, 우리가 해야 할 일은 그저 존재하는 것이다. 우리 앞에 펼쳐진 무한한 가능성과 충만한 긍정을 있는 그대로 받아들이자. 어떤 일이 일어나더라도 당신이 포기하지 않는 한 꿈은 실현된다. 그러니 여유를 갖고 깊이 숨을 들이마셔라.

* * *

모든 것은 정확히 운명대로 이루어진다. 이 사실을 믿기 바란다. 당신이 지금 그곳에 서 있는 데는 다 이유가 있다. 이 세상에 이유 없는 존재는 없다. 의무는 없다. 마감 기한도 없다. 당신이 감당할 수 없는 것은 아무것도 없다. 그리고 당신이 이 책을 읽으며 생각했을 모든 꿈, 비전, 희망, 계획 등을 이루기 위해 필요한 모든 것은 이미 당신 내면에 잠자고 있다. 그것들을 이 책을 통해, 우리의 프로그램을 통해 흔들어 깨워라.

[체크 포인트 11]

나는 일터와 일상에서 어떤 경계를 긋고 있나

① 당신의 삶을 유지하기 위해 어디에 경계를 두어야 한다고 생각하는가? 경계를 가르는 일이 당신에게 어려운 일이라면, 당신의 삶 속에서 가장 위태롭게 느껴지는 영역에 대해 생각해보라. 이것이 단서다.

② 당신은 스스로의 경계에 대해 확실히 알고 있는가? 사람들이 당신의 경계를 밀어붙이거나 무시할 때 경계를 사수하는 방법을 알고 있는가?

③ 당신은 리더로서 팀원들이 설정한 경계를 존중하는가? 당신은 팀원들의 개인적 삶과 건강을 지지하기 위해 먼저 나서서 경계를 설정해주는가? 아직 그렇게 하지 못했다면 그 이유는 무엇인가?

④ 경계를 두지 않을 때 당신이 치러야 할 대가는 무엇인가? 만약 경계를 짓는 일이 너무 힘들다면, 다음의 팁을 참조하라.

– 미루기: "지금은 너무 바쁩니다. 하지만 부담 갖지 말고 나중에 다시 말해주세요."

– 넘기기: "나는 당신이 요구하는 것을 들어줄 수 없지만, 다른 사람을 소개해줄 수 있습니다."

– 한꺼번에 처리하기: "마침 다른 사람들도 같은 질문을 했어요. 나중에 다 함께 이야기를 나눠봅시다."

– 설득하기: "내가 당신을 도우면 다른 사람을 실망시키게 될 겁니다."

– 높여주기: "이번에는 당신의 제안을 거절하지만, 저는 당신과 이런 수준 높은 대화를 나눴다는 데 깊은 만족감을 느낍니다."

직장 여성 70퍼센트가
오로지 '기능'하려고만 살고 있다

우리는 깨어 있는 것이 무엇인지 잊어버렸다

이제 LLAW의 모든 여정은 끝났다. 이제 남은 것은 당신이 이 새로운 일과 삶의 방식을 받아들여 조직에 성과를 가져다주는 일뿐이다. 하지만 그 전에 우리는 당신이 당신의 몸에 대해 충분히 이해하기를 바란다. 그리고 당신이 그동안 숱하게 외면하고 후순위로 미뤘던 몸과의 진솔한 대면을 지금부터라도 시작하기를 바란다. 우리는 지금껏 우리의 몸을 너무나 방치했다.

우리가 워크숍에서 건강을 유지하는 방법에 대해 이야기하기 시작하면, 참가자들은 단숨에 살이 빠지고 불면증을 치료하고 알레르기를 멎게 하고 피부병을 치료하는 알약을 기대하며 눈을 반짝인다. 우리가 찾아낸 방법은 알약을 삼키는 일만큼 빠르고 간단하지는 않다. 무너진 몸을 다시 일으켜 세우려면 그만큼의 충분한 시간과 인내가 필요하다.

최근 점점 더 많은 전문가가 수면의 중요성을 논하고 있다. 미디어계의 판도를 바꾼 언론인이자 작가 아리아나 허핑턴 Arianna Huffington은 피로로 탈진해 기절했는데 일어나 보니 주변이 온통 피바다가 되어 있었다고 고백했다. 넘어지다 머리가 책상 모서리에 부딪힌 것이다.[11]

한 연구에 따르면 미국 직장인 중 95퍼센트가 매일 7~9시간 잠을 자야 한다고 생각한다.[12] 하지만 안타깝게도 그중 약 3분의 2가 여전히 충분한 수면을 취하지 못하고 있다. 숙면과 관련해 우리가 만난 팀장급 여자들이 흔히 저지르는 실수가 있었다. 이들은 보고서를 마무리하거나 미팅을 준비하기 위해 1~2시간 정도 잠을 덜 자는 것이 다음 날 신체 상태에 크게 영향을 미치지 않는다고 생각했다. 사실은 이들의 생각과 정반대다. 수면 시간이 90분 줄면 낮 시간의 각성도가 거의 3분의 1로 줄어든다.[13] 또 다른 연구에 따르면 수면 시간이 4시간 줄면 맥주 여섯 캔을 마시고 출근할 때만큼이나 많은 장애를 일으키게 된다. 이 연구 결과가 진실이라면, 일터의 여성 중 절반 이상이 술에 취한 채 일하고 있는 것이나 다름없다.

그런데도 우리는 어떻게든 자는 시간을 줄여서 생산성을 높이려고만 하고 있다. 하버드대학교 의과대학 수면의학 전문가 찰스 체이슬러Charles Czeisler 박사는 이렇게 말한다.

"수면이 부족한 사람은 술에 취한 사람과 마찬가지로 자신이 얼마나 많은 기능적 장애를 겪고 있는지 전혀 모른다. 현대인은 진정 깨어 있는 느낌을 잃어버렸다."

인간의 몸은 수면과 기상 사이클을 규칙적으로 조절하는 '24시간 일주기 리듬24-Hour Circadian Rhythm'에 가장 최적화되어 있다.[14] 하지만 우리가 정상적인 시간의 신호(빛과 어둠)를 따르지 않는다면 몸은 어떻게 반응할까? 하루 수십 분씩 수면 시간을 아끼면, 수개월 만에 우리 몸의 일주기 리듬은 25.4시간으로 조정된다. 이는 주당 10시간 가까운 시간이 무기력과 환각에 휩싸인다는 것과 동일한 의미다. 이러한 신체 리듬 장애는 몸무게 증가, 심장 질환, 우울증에 이르기까지 다양한 문제를 일으키는 것으로 밝혀졌다.

LLAW는 우리 몸의 일주기 리듬과 수면 사이클을 정상으로 회복시키는 세 가지 간단한 방법을 제안한다.[15]

(1) 주말도 평일과 동일하게 유지하라

격무에 시달린 당신은 토요일이 되면 분명 낮까지 이불 속에 머물며 주말 아침을 만끽할 것이다. 그러면 안 된다. 불규칙한 수면 패턴은 힘겹게 쌓은 평일의 수면 사이클을 망가뜨린다. 그리고 밤에는 반드시 수면 시간을 알리는 알람을 설정하라. 인체는 기회가 있을 때마다 잠을 뒤로 미루는 경향이 있다(물론 뇌가 고의로 일으킨 착각이다). 그러니 새로운 자극을 찾지 말고 조금이라도 잠이 오면 재빨리 눈을 감자.

(2) 수면으로 향하는 루틴을 만들어라

잠자리에 들기 전 최소 45분간 몸의 긴장을 풀어주며 몸에 명확한 '취침 신호'를 보내라. 조명을 어둡게 하라. 실내 온도를 2~4도 정도 낮춰라. 전자기기(스마트폰, 아이패드, 컴퓨터, TV 등 수면 호르몬에 영향을 미치는 파란색 LED 빛을 내뿜는 것들)의 전원을 모조리 차단하라. 마음속에 오늘 끝내지 못한 일과 오늘 끝마친 일과 내일 해야 할 일을 적어라. 요가와 명상을 추가해도 좋다. 그리고 책을 읽어라.

(3) 한밤중에 깨도 걱정하지 마라

한밤중에 깨는 것은 지극히 당연한 일이다. 인간은 늘 '분리 수면Segregated Sleeping'을 취하도록 진화해왔다. 분리 수면은 1차 수면과 2차 수면으로 구성된다. 만약 당신이 이 자연스러운 인체 진화의 한복판에 서게 된다면, 뜬눈으로 누워 똑딱이는 시계

소리를 들으며 불안에 떨지 말고 천천히 숨을 들이마시며 명상을 시작하라. 어쩌면 이 짧은 시간은 하루 중 온전히 내게만 집중할 수 있는 가장 근사한 시간이 될 수도 있다.

미치지 않고 잘 먹는다는 것은 무엇일까

인류가 풍요와 번영의 시대에 접어든 이후, 좋은 식품과 안 좋은 식품에 대한 논쟁은 갈수록 치열해졌다. 먹을 것이 흔치 않았던 과거에는 이런 논쟁 자체가 사치였지만, 정제 설탕, 튀긴 음식, 술, 향신료 등이 조약돌보다 더 구하기 쉬운 지금은 '어떤 음식을 먹을 수 있는지'보다 '어떤 음식을 먹으면 안 되는지'가 훨씬 더 중요한 문제가 되었다. 사실 어떤 음식을 먹으면 안 되는지 우리는 너무나 잘 알고 있다. 문제는 그것을 일상에 적용하는 일이다. 우리는 어떻게 스스로를 미치게 만들지 않으면서도 잘 먹을 수 있을까? 음식이 주는 기쁨을 충만히 누릴 수 있을까?

우리는 음식을 '칼로리'가 아니라 '에너지'로 생각하라고 조언한다. 과학자들은 우리가 먹는 모든 것이 포도당으로 변환된다는 것을 알아냈다. 포도당은 우리 몸과 뇌가 깨어 있는 채로 생산성을 유지하는 데 필요한 에너지를 제공한다. 포도당이 부족하면 집중하기가 어려워지며 동작도 느려진다. 공복 상태에서 생산적인 일을 하기 어려운 이유다. 하지만 사회심리학자 론 프리드먼Ron Friedman은 우리 몸이 모든 음식을 동일한 속도로 소화하지 않는다고 말한다.[16] 예를 들어 파스타, 빵, 시리얼, 탄산음료 같은 음식은 포도당을 빠르게 분비해 폭발적인 에너지를 생산하지만 그렇게 만들어진 에너지는 빠르게 사라진다. 치즈버거 같은 고지방 식품은 좀 더 지속력이 높은 에너지를 제공할 수 있지만, 소화 시스템에 무리를 줘 두뇌의 산소 수치를 감소시키고 경미한 그로기Groggy 상태를 유발한다.

물론 대다수 사람은 이러한 사실을 직관적으로는 알고 있다. 그렇다면 왜 우리는 무엇을 먹을지에 대해 유익한 결정을 내리지 못하는 걸까? 불행하게도, 우리가 무엇을 먹을지 결정해야 할 때는 대부분 우리의 에너지와 절제력이 가장 낮은 지점에 있을 때다. 그렇기 때문에 초콜릿 브라우니나 감자튀김 한 봉지에 저항하지 못하고 눈이 뒤집혀 손가락을 쪽쪽 빠는 것이다.

게다가 건강에 좋지 않은 음식은 더 쉽고 빠르게 먹을 수 있다. 우리는 이러한 음식이 30분 뒤 신체 활동에 미칠 영향은 고려하지 못한 채 음식물을 입속에 쑤셔넣는다. 그러면서도 시간을 절약하고 있다며 만족감을 느낀다. 우리는 늘 안 좋은 음식을 섭취할 수밖에 없는 환경에 놓여 있다. 형편없는 음식이 제공되는 워크숍이나 미팅에 참석할 때, 또는 레스토랑에서 주문한 건강한 연어 요리 위에 설탕이 잔뜩 들어간 소스가 뿌려져 나올 때 당신은 적절히 대응할 수 있는가? 그리고 정말 솔직히 말하면, 때때로 우리는 특정 음식이나 음료가 얼마나 몸에 나쁜지 알면서도 그 맛이 너무나 달콤하고 친구들과 함께 있는 그 순간이 너무나 즐겁기 때문에 몸속으로 무엇을 밀어 넣는지 전혀 신경 쓰지 않기도 한다.

'미치지 않고 잘 먹는 방법'은 어렵지 않다. 매 끼니 건강한 식생활을 '가장 쉬운 선택지'로 만들면 된다.

(1) 허기를 느끼기 전에 무엇을 먹을 것인지 미리 결정하라

전쟁에서 이기는 방법은 의외로 간단하다. 내가 불리할 때 싸우면 질 확률이 높아지고 내가 유리할 때 싸우면 이길 확률이 높아진다. 굶주림에 휩싸였을 때는 아무리 자제력이 뛰어난 사람일지라도 정상적인 판단을 하지 못한다. 주말 중 잠시 시간을 투자해 다가오는 평일의 열다섯 끼니와 다음 주말의 여섯 끼니를 어떻게 해결할지 미리 계획표를 짜라. 당신의 냉장고에 들어 있는 식자재와 당신이 접근할 수 있는 집 근처의 식당 등을 고려해 최적의 식단을 계획하라. 당신의 몸에 가장 필요한 영양소와 절대 섭취하면 안 될 음식을 미리 확인하라. 단기적으로 에너지를 확보할 음식과 장기적으로 건강 유지에 도움이 될 음식이 무엇일지 조사하라.

(2) 조금씩 자주 먹어라

혈당 수치가 급격히 상승하고 하락하는 것은 신체에 매우 안 좋다. 특히 뇌에 더 안 좋은데, 면도칼로 뇌를 도려내는 것과 같다. 음식을 조금씩 자주 먹으면 낮에 포식하거나 저녁 식사를 거하게 먹을 때보다 포도당이 더욱 일정한 수준으로 유지된다. 고단백 아침 식사로 하루를 시작하고, 낮 중 에너지가 자연스럽게 떨어지는 때가 언제인지 확인하라(오후 1시, 오후 4시, 오후 7시가 가장 취약하다). 이때는 하던 일을 멈추고 영양분을 섭취하라. 그리고 우리는 종종 갈증을 허기로 착각하기 때문에 주기적으로 물을 섭취함으로써 그런 착각을 방지하라.

(3) 식단을 추적하고 상황에 따라 조정하라

대부분의 식사에는 좋은 재료와 나쁜 재료가 섞여 있다. 아무리 노력해도 항상 완벽한 음식을 먹을 수는 없다. 따라서 머릿속에서 조금씩 계산을 해보라. 각 재료에 대해 당신이 알고 있는 사실에 근거해 에너지 확보에 순이익인지 순손실인지 자문하라. 지방과 탄수화물이 덜 들어가고 설탕이 최대한 적게 첨가된 음식을 찾아보라. 그다음 최대한 적은 양을 먹어라(에너지가 급감하기 전에 식사를 시작하라).

앉아 있는 것은 우리 시대에 가장 저평가된 위협이다

일주일 중 30분 이상 운동하는 날은 몇 번인가? 연구자들은 주 3회 이상 운동을 하는 것이 가장 이상적이라고 조언한다. 하지만 우리 생각은 다르다. 그 정도만으로는 직장에서 앉아 보내는 모든 시간을 바로잡기에 충분하지 않다.

우리는 앉아서 일하고 앉아서 먹고 앉아서 쉰다. 인류가 앉아서 생활하는 것은 우리 시대에서 가장 저평가된 위협이다.[17] 우리는 하루 중 약 9시간을 앉아서 보낸다. 잠을 자는 것보다 앉아 있는 데 더 많은 시간을 보낸다. 놀랍게도 이러한 '비활동'이 흡연보다 더 많은 사람을 죽이고 있다. 가장 큰 문제는 이 행위가 건강에 즉각적인 피해를 입힌다는 것이다.[18] 하반신이 자리잡을 편안한 장소를 찾자마자 다리 근육의 활동은 전면 중단되며 몸이 연소하는 칼로리, 지방을 분해하는 효소, 건강에 유익한 콜레스테롤의 양이 하락한다. 설상가상으로 오랜 시간 앉아 있는 행위는 말 그대로 엉덩이를 더 크게 만든다. 세포에 장기간 압박이 가해져 지방 조직이 팽창하기 때문이다.

하지만 직장인에게 하루에 몇 시간씩 앉아서 일하는 것은 피할 수 없는 현실이다. 스스로 짬을 내서 더 많이 움직이는 것 말고는 방법이 없다. 이메일을 보내지 말고 사무실을 가로질러 걸어가 동료와 대화하라. 승강기 대신 계단을 이용하라. 할 수 있을 때마다 움직여라. 추가로 움직일 수 있는 모든 기회를 스스로 창출하라.

일상에서의 활동을 늘리는 가장 쉽고 인기 있는 방법 중 하나는 만보기로 걸음 수를 세는 것이다. 연구자들은 만보기를 사용하면 우리가 하루에 얼마나 움직이는지를 간단하고 효과적으로 추적할 수 있다고 말한다.[19] 하루에 1만 걸음을 걷는 것을 목표로 삼자. 연구자들은 몸을 움직이고 칼로리를 연소하게 만드는 모든 종류의 신체 활동을 주당 150분 이상씩 반복하는 것만으로도 충분한 효과를 볼 수 있다고 말한다. 매일 30분씩 주 5회도 괜찮고, 하루에 10~15분씩 짧게 여러 번 운동해 주 150분을 채워도 된다.[20]

그러나 가장 중요한 것은 어떤 운동이 자신에게 가장 적합한지 알아내는 것이다. 이는 당신이 가장 좋아해서 오랫동안 즐길 수 있는 운동이 무엇인지 파악해야 한다는 뜻이기도 하다.

(1) 20분마다 2분씩 움직여라

너무 쉬운 일 같다고? 하지만 직장인 중 89퍼센트가 이 단순한 원칙을 지키지 못하고 있다. 사무실이든 집이든 당신이 어디에 앉아 있든 적어도 20분에 한 번은 일어서야 한다. 밖으로 나가 복도나 계단을 2분씩 걷기만 해도 혈당 수치가 기적적으로 안정될 것이다.

(2) 이른 시각에 운동하라

운동을 한 번 하면 그 효과가 몇 시간 지속될까? 약 20분간 짧게 움직이기만 해도 다음 12시간 동안 기분이 상당히 좋아질 수 있다. 저녁에 운동을 하는 것은 전혀 운동을 하지 않는 것보다는 낫지만, 그렇게 되면 기분이 좋아진 시간의 대부분을 잠으로 보내게 된다. 그 대신 아침을 먹기 전에 운동을 하면 지방을 추가로 연소할 수 있고, 체내에서 포도당을 대사하는 능력인 내당력glucose tolerance을 획기적으로 향상시킬 수 있다.

(3) 만보기를 사용하라

무작위 대조 시험 방식으로 추려낸 사람들에게 만보기를 착용하게 하면 이들의 전체 활동 수준은 27퍼센트 증가한다. 지금 당장 만보기를 찬 채 밖으로 나가 산책하라. 친구들과 카페에서 만나지 말고 공원이나 운동장에서 만나라. 등산을 하며 회의를 진행하라. 글을 쓸 때는 15분마다 책상 주위를 걷고, TV는 반드시 선 채로 시청하라.

우리는 왜 제대로 쉬지 못하는가

잘 자고, 잘 먹고, 더 자주 움직이는 것보다 훨씬 더 어려운 숙제가 남아 있다. 일하는 여성 대다수가 바로 이 부분에서 멈춰 선 채 우물쭈물한다. 휴식은 어려운 활동이 아니다. 아니, 오히려 매우 즐거운 일이다. 인생에서 가장 순수하게 행복을 느끼는 순간이라고 말할 수도 있다. 그럼에도 수많은 여성이 제대로 쉬는 방법을 모르거나, 주말에도 끊임없이 자신을 소진시킨다. 우리는 이런 현상이 여성 스스로가 자신을 돌봐야 할 존재로 믿지 않기 때문에 반복된다고 생각한다.

이 책을 읽는 것을 잠시 멈추고 스스로에게 물어라.

"지난 며칠간 내 몸과 마음을 돌보기 위해 나는 무슨 일을 했는가?"

만약 당신이 우리가 만난 수많은 여성과 같다면, 아마 지금까지 자기 자신을 위해 한 일이 그렇게 많지는 않을 것이다.

1시간 동안 편안하게 마사지를 받는 상상을 해보자. 또는 고향 집에 내려가 명상에 빠진 자신의 모습을 상상해보자. 아무에게도 방해받지 않으며 향초를 켠 채 거품 목욕을 즐기는 모습을 상상해보자. 물론 이러한 사치를 누리기엔 현실의 삶이 너무 고단하다는 것을 잘 안다. 그리고 당신이 아니면 해결할 수 없는 일이 사무실 책상 위에 수북하게 쌓여 있다는 것도 잘 안다. 하지만 몸과 영혼을 이대로 방치하면 유리병 안에 담긴 꽃처럼 당신의 삶 역시 천천히 시들기 시작할 것이다. 우리가 대단한 것을 당신에게 요구하는 것이 아니다. 스스로를 돌볼 수 있는 쉽고 간단한 방법을 택해 삶에 적용하라는 것이다. 겁먹을 필요가 전혀 없다.

우리가 가장 좋아하는 방법 중 하나는 명상이다. 너무 어려운 것이라 생각하며 무시할지도 모르겠다. 하지만 명상은 2분도 안 되는 시간 동안 '어디서나' 할 수 있는 유일한 휴식 활동이다. 인간의 머릿속에는 늘 미치광이 원숭이가 뛰어다닌다. 이 요란한 자의식 때문에 많은 사람이 깊은 명상에 도달하지 못한다. 가장 좋은 명상은 가장 중요한 것 한 가지에 마음을 집중하는 것이다. 땀 한 방울 흐르지 않는 아주 부드러운 정신 운동이라고 생각하면 된다.

구글의 감정 조절 프로그램을 개발한 장본인이자 '마음챙김 Mindfullness'의 달인인 차드 멍 탄Chade-Meng Tan은 초심자도 누구나 실천할 수 있는 간단한 명상법을 소개했다.[21]

> 조용히 앉아 명상의 의도를 정하라. 몸을 치유하기, 자신감을 회복하기, 마음을 단련하기 등이 명상의 의도가 될 수 있다. 당신이 고요하게 앉아 있는 이유가 확실해지면 부드럽게 호흡에 정신을 집중하라. 뒤척이던 정신이 움직임을 멈추고 정좌해 있음을 감각하라. 쓸쓸한 적막을 온전히 즐겨라. 이는 1시간 넘게 이어질 수도 있고, 단지 몇 분만 지속될 수도 있다. 시간에 연연하지 마라. 명상은 연습이다. 이 점을 잊지 마라. 명상을 더 자주, 더 오래, 더 깊이 할

수록 효과가 커질 것이다. 만약 주의가 산만해지고 집중력을 잃었다는 것을 깨달으면 스스로를 탓하는 대신 지금이야말로 호흡에 더 집중해 흔들리는 내면을 다잡을 기회라고 생각하라. 무너진 정신을 재건하는 귀한 연습의 순간이 도래했다고 생각하라. 이것은 실패가 아니다. 그저 정신적인 근육을 만들 수 있는 기회다. 당신이 수련자라는 사실을 떠올리고, 이번에는 호흡에 조금 더 오래 집중하도록 노력하라.

차드 멍 탄은 명상 연습을 시작하는 가장 쉬운 방법은 2분만 눈을 감고 앉아 있는 것이라고 제안한다. 그게 가능하면 앉아 있는 시간을 3분, 4분, 5분으로 늘리고 다시 10분, 20분, 30분으로 연장한다. 그는 명상을 충분히 연습하면 필요할 때마다 언제든 이 상태를 이끌어낼 수 있고 오랜 시간 그 상태에 머무르며 뇌와 마음을 깨끗이 청소할 수 있다고 주장한다. 지금은 그의 말이 멀게 느껴지겠지만, 하루에 두 번씩 2~5분간 명상하는 것만으로도 갈가리 찢어진 마음을 봉합할 수 있다.

물론 명상에는 여러 종류가 있다. 걸으면서 명상을 할 수도 있다. 아름다운 음악을 듣거나, 도화지에 색칠을 하면서 즐길 수도 있다. 중요한 것은 당신의 두뇌를 잠시 동안 '하는 것'에서 '존재하는 것'으로 전환하는 것이다.

[체크 포인트 12]

나의 몸은 지금 어떤 상태인가

① 지난 6개월간 당신의 몸 상태는 어땠는가? 이 질문에 최대한 솔직하게 답하라. 아침에 침대 밖을 나오는 게 힘들고 두려웠나? 그럭저럭 생활은 했지만 에너지가 충분히 남아 있다고 느끼지 못했나? 집에 들어가 에너지가 완전히 방전된 채 침대에 누워 그대로 잠이 들었나?

② 당신의 수면 시간은 충분한가? 평일과 주말 모두 동일한 시간대에 잠에 드는가? 업무 시간에 졸음이 밀려와 중요한 프로젝트에 차질이 생긴 적이 있는가? 동료와의 대화에 집중하지 못하고 자꾸 환청이 들리진 않는가?

③ 늘 지키지는 못해도 당신이 반드시 고수하는 건전한 식습관이 있는가? 당신은 어떤 음식을 먹으면 탈이 나는가? 그리고 어떤 음식을 먹으면 기분이 좋아지고 활력이 생기는가? 자신에게 가장 적합한 음식에 대한 정보를 충분히 인지하고 있는가? 당신은 언제 폭식하고, 언제 소식하는가? 당신의 식습관에 대해 얼마나 인지하고 있고, 이를 개선하

기 위해 무엇을 시도해봤는가?

④ 당신은 지금 당신의 몸을 위한 운동을 한 가지 이상 반복하고 있는가? 당신이 일하는 회사 근처에는 적절한 산책로가 마련되어 있는가? 집 근처 공원은 모두 몇 개인가? 일주일에 땀을 흘리며 운동하는 횟수는 몇 번인가?

⑤ 향후 6개월 이내에 몸의 건강 수준은 어느 지점에 있을 것이라 생각하는가? 더 나아질 것 같은가, 아니면 더 최악의 상태에 접어들 것이라고 생각하는가? 그 근거는 무엇인가? 만약 후자라면 지금 당장 당신은 무엇을 해야 하는가?

긴 여정을 마치며

지금 당장 여성적 리더십을 선점하라

21세기 가장 위험한 조직은 '남자만 존재하는 조직'이다. 이제 세계가 무너지고 있다. 낡아빠진 남성성만 존재하는 권위적이고 일방적이고 비효율적인 조직은 급변하는 뉴노멀 시대에 생존할 수 없다. 그동안 철저히 외면을 받았던 '여성성'의 가치가 그 어느 때보다 전 지구적인 주목을 받고 있는 이 시점에, 당신의 조직은 무엇을 준비하고 있는가?

오늘날 '여성'이라는 것은 재능과도 같다. 성장 한계에 몰린 조직에 새 활로를 제시하고, 경직된 조직 문화를 부드럽게 바꿔주고, 모든 구성원이 자신감 있게 소통하며 일할 수 있는 '공감의 힘'을 불어넣을 존재는 이미 당신 조직 안에서 일하고 있는 여성들이다. 우리는 당신이 이 '위대한 재능'을 조직의 역량에 적절히 반영하기를 바란다. 여성이 지닌 온전한 힘을 최대로 활용하고 기존의 남성성과 결합해 폭발적인 도약을 일궈내길 진심으로 기원한다.

그러려면 다른 무엇보다도 여성 당사자가 먼저 변해야 한다. 여성이라는 존재의 모든 부분을 오롯이 소유하고 명예롭게 여겨야 한다. 자신이 얼마나 특별한 사람인지, 얼마나 멋진 재능을 지녔는지, 얼마나 큰 용기를 품었는지 깨닫기를 바란다.

이 땅의 모든 조직이 성과의 중심에 '여성적 리더십'을 배치하는 날이 곧 도래하리라 믿어 의심치 않는다. 그 순간이 왔을 때 자신들의 성공을 축하할 수 있는 조직과 여성이 더 많아지길 간절히 바란다.

당신의 조직이 '공감이 이끄는 조직'으로 거듭나는 여정에 우리가 함께한 것을 큰 영광으로 생각한다. 건투를 빈다.

부록 1

LLAW 워크숍에서 가장 많이 나온 질문들

Q. 아무리 생각해도 제 성별(여성)이 제가 하는 일에 도움이 됐던 적은 별로 없었던 것 같아요. 이런 생각이 머리에서 떠나질 않아요.

A. 컬럼비아대학교 심리학과 교수 알리아 크럼Alia Crum이 흥미로운 연구를 진행했습니다. 호텔 객실 청소 매니저들을 두 그룹으로 나눈 뒤 한 그룹에겐 평소대로 일을 시켰고 나머지 그룹에겐 청소가 고된 육체노동이 아닌 하나의 운동이라고 생각하고 일을 해보라고 주문했습니다. 몇 개월이 지났을 때 두 그룹의 체지방량 감소 수치는 확연하게 차이가 났습니다. 후자가 훨씬 더 살이 많이 빠졌죠. 또 다른 실험도 있습니다. 똑

같은 셰이크를 마시게 하면서 한 그룹에는 유지방 100퍼센트 셰이크라고 알려주고, 다른 그룹에는 저지방 셰이크라고 알려줬습니다. 결과는 어땠을까요? 호르몬 변화 수치와 만족감의 수준에서 큰 차이를 보였습니다. 물론 후자의 신체에서 긍정적 시그널이 더 많이 발견됐습니다.

이 실험에서 크럼 교수가 확인하고자 한 것은 과연 우리가 '기대'하는 것이 그 행위의 '결과'에 영향을 미치는지 여부였습니다. 청소를 하나의 운동이라고 생각하며 일한 청소부들은 살이 더 빠졌고, 유지방이 덜 들어간 셰이크를 마신다고 생각한 사람들은 살이 덜 쪘습니다.

'사고방식'이 그동안 겪은 모든 경험과 세계관을 바탕으로 만들어진 일종의 '필터'라는 것을 생각해보면, 자신이 선택하는 '젠더 사고방식'이 직장에서의 모든 활동과 성과에 깊은 영향을 미치리라는 사실을 누구나 깨닫게 될 것입니다. 누군가의 말 한마디, 사내 교육 프로그램, 대중매체의 광고, 고유한 가정 문화 등 우리가 겪었던 크고 작은 모든 '상황'이 모여 사고방식을 형성한다는 것을 잊지 마시기 바랍니다. 그러니 항상 무언가를 받아들일 때 과도하다 싶을 정도로 주의 깊게 경계하고 스스로 판단하기 바랍니다.

Q. 젠더 사고방식이 중요하다는 것은 잘 알았어요. 그렇다면 직장에서 나의

'존재감'을 높이려면 어떻게 해야 할까요?

A. 누구나 존재감을 발휘하는 순간이 있다고 합니다. 아무리 능력이 부족해 보여도 그런 순간은 누구에게나 언제든 찾아오죠. 중요한 것은 삶의 중대한 순간에 존재감을 떨칠 수 있도록 늘 자신감을 충분히 비축해둬야 한다는 점입니다. 자신감을 빠르게 회복하려면 어떻게 해야 할까요? 스스로를 비난하는 태도를 중단하고, 있는 그대로의 모습을 받아들이는 연습을 해야 합니다. 그 누가 함부로 욕하고 판단을 해도 끝까지 자신에 대한 믿음을 유지하는 것이 중요합니다. 이것이 바로 '자신감自信感'입니다. 이처럼 존재감, 회복력, 자신감은 각각 이어지며 서로를 보완하고 앞으로 나아가게 만들어줍니다. 그러니 늘 오만하지 않은 자신감으로 양 어깨를 단단하게 펴고, 두려움 앞에서도 용기를 잃지 말고, 남들에게 보여주고 싶은 모습이 아니라 스스로가 진정으로 원하는 모습을 갖추기 위해 노력하십시오. LLAW는 그러한 당신의 노력을 응원할 것입니다.

Q. 내면에서 흘러나오는 냉정하고 잔인한 목소리 때문에 너무 힘들어요. 대체 저는 왜 이렇게 스스로를 용서하지 못하는 걸까요?

A. 성장 과정에서 들었던 말은 특정 시기 이후, 즉 성인이 되어서 듣는 말보다 최대 세 배 이상 더 기억에 오래 남는다는

연구 결과가 있습니다. 어린 시절 가혹한 훈육을 받은 사람이라면, 스스로를 엄격하게 대하는 어른으로 성장할 확률이 매우 높습니다. 물론 이런 가혹한 자기 평가와 절제가 성공에 반드시 걸림돌이 되는 것은 아닙니다. 게다가 그 목소리가 틀렸다는 것을 입증하기 위해서라도 더 열심히 인생을 살게 될 수도 있습니다. 다만 그 독설이 당신을 자꾸 멈추게 하고, 포기하게 하고, 상처를 준다면 정신적 치료를 반드시 받아야 합니다.

Q. 지난날을 돌이켜보면 저는 늘 '고착형 사고방식'에 갇혀 있었어요. 생각해보면 그럴 필요가 없는데도 지나치게 성과와 결과에만 집착했죠. 대체 저는 왜 이렇게 된 걸까요?

A. '고착형 사고방식'의 가장 큰 폐해는 그 인식 체계가 두려움에 기반을 둔다는 것입니다. 이 '두려움'은 자신이 충분히 뛰어나지 못하다는 내면의 자기 비판적 목소리에 계속 먹이를 줍니다. '언제나 최선을 다하고 넘치게 준비하지 않으면 실은 가짜인 내 실제 모습이 들통날 거야' 하고 두려움에 떨게 만드는 거죠. 이 기분 나쁜 상상은 뇌가 감당하지 못할 스트레스를 초래해 두뇌의 학습 능력을 저해하고 뇌세포의 성장을 멈추게 합니다. 우리가 무기력에 빠지는 기본 원리죠. 끔찍한 일이지만, 성과만을 찬양하도록 설계된 세상을 사는

모든 이에게 해당하는 이야기입니다.

그렇다면 이 참혹한 굴레에서 어떻게 벗어날 수 있을까요? 사고방식이 바뀐다는 것은 몇 가지 팁을 얻고 끝나는 것이 아니라 '세상을 보는 시각 자체가 바뀌는 것'을 뜻합니다. 회사가 정하는 목표나 친구와 가족이 당신에게 바라는 기대치 따위가 당신의 삶을 규정할 수 없다는 사실을 스스로 깨달아야 합니다. 인생에서 가장 소중한 것은 오직 당신만 알고 있습니다. 그들이 아무리 당신의 내면에 대해 속속들이 안다고 할지라도, 정말 깊숙한 곳에 잠들어 있는 진정한 행복과 성공의 기준은 알지 못할 것입니다. 당신이 실수를 하거나 실패를 할지라도, 그 시련이 당신의 '가장 소중한 것'을 규정할 수는 없습니다. 이 점을 잊지 말아야 합니다. 시간이 꽤 지났는데도 목표를 달성하지 못해 마음이 무겁다면, '아직 그때가 오지 않았을 뿐이야' 하고 가벼운 마음으로 웃어넘기세요.

Q. 도무지 제 '삶의 비전'이 무엇인지 떠오르지 않아요. 직장 생활을 시작한 지 벌써 7년째인데 아직도 내가 무엇을 진정으로 원하는지 모르겠어요.

A. 우리가 진정한 목적을 찾기 어려운 이유는 목적을 찾으려는 시도 자체를 안 해봤기 때문입니다. 인생의 목표와 가치 등은 대부분 유년기에 그 틀이 정해집니다. 밑그림이 그려지는 것이지요. 그리고 어른으로 성장하면서 빈 공간을 색칠하

게 됩니다. 문제는 대다수의 어른이, 특히 대다수의 여성이 제대로 밑그림을 그리지 못한 채 삶이라는 도화지에 색칠을 시작한다는 것입니다. 게다가 그나마 그 밑그림마저도 부모와 교사가 그려준 것입니다. 판단력이 서고 자신의 욕망을 마주할 용기를 갖췄을 때는 이미 정체불명의 그림이 완성된 이후입니다.

이럴 때는 한꺼번에 삶을 바꾸려고 하거나, 전혀 다른 분야의 목적을 찾으려고 동분서주하면 안 됩니다. 삶의 목적이란 오히려 조금씩 그 정체를 드러냅니다. 평소 혼자 있을 때 머릿속에 문득 떠오르는 이미지는 무엇인가요? 무심코 정신을 쏟게 되는 것은 무엇인가요? 자신에게 가장 중요한 것은 무엇인가요? 돈에 대해 신경 쓸 필요가 없다면 무엇을 하고 싶은가요? 그 일이 타인을 어떻게 도울 수 있을까요? 이렇게 천천히 스스로에게 질문을 던지면서 잃어버린 삶의 목적을 찾아보세요.

Q. 저는 의지력이 너무 약한 것 같아요. 더 잘 자고, 더 잘 먹고, 더 잘 쉬고, 더 자주 움직여야겠다고 마음먹었지만 며칠 만에 원점으로 돌아갔어요.

A. 인간의 의지력은 우리가 생각하는 것보다 훨씬 약합니다. 누구나 처음엔 완벽한 계획을 세워 며칠 실천에 옮기지만 이를 몇 개월 이상 지속하는 사람은 매우 드뭅니다. 수

십 년간 인간의 행동을 연구한 습관 전문가 웬디 우드Wendy Wood는 다양한 실험을 통해, 의지력에 기대는 것보다 자신만의 습관과 루틴을 설계해 삶을 재구축하는 것이 계획을 유지할 확률을 훨씬 더 높여줄 수 있다고 주장합니다. 인간의 자제력은 무한하지 않습니다. 쓰면 쓸수록 고갈되는 유한 자원입니다. 하고 싶은 것을 참고, 하기 싫은 것을 억지로 할 때 사람의 뇌는 극심한 스트레스를 받고 쉽게 피로해집니다. 강한 자극의 운동을 하면 근육이 찢어지고 손상되는 것처럼 뇌 역시 스트레스 때문에 파괴될 수 있습니다.

그러니 월요일에는 술에 손도 대지 않겠다고 다짐했다가 화요일 밤이 되자마자 캔맥주를 잔뜩 마셨다고 해서 너무 자책할 필요는 없습니다. 그저 자제력 근육이 피로해졌을 뿐입니다. 다행히 우리의 뇌 역시 다른 근육과 마찬가지로 충분히 자고 잘 먹고 운동을 하면 자제력과 의지력이 강해집니다. 스트레스 전문가 켈리 맥고니걸은 인간의 '참는 능력'을 담당하는 뇌 영역이 '전전두엽'이라고 주장하면서, 이 영역에 더 많은 에너지를 공급하면 인위적으로 의지력과 자제력을 높일 수 있다고 말합니다. 그러면서 채소를 섭취하고 꾸준한 운동과 명상을 반복할 것을 권하죠.

결국 우리의 몸은 선순환에 최적화하도록 설계된 셈입니다. 그러니 잘 먹고, 잘 자고, 잘 쉬기 위해선 무조건 지금보다 더 잘 먹고, 더 잘 자고, 더 잘 쉬어야 합니다. 인간의 뇌는 '좋은 행동'을 연속으로 실천할 역량이 없습니다. 그러니 당신의 의지력만 너무 믿지 말고 일단은 목표를 조금만 낮춰보세요.

Q. 제가 아무리 진지하게 말해도 사람들이 자꾸 제가 세워둔 '경계' 안으로 침범해요. 제 시간은 늘 부족하고 정작 중요한 일은 손도 못 대고 있어요. 어쩌면 좋을까요?

A. 당신의 삶에서 가장 중요한 것은 무엇인가요? 그 누구와도 절대 협상할 수 없는, 즉 한 치도 양보할 수 없는 것은 무엇인가요? 저는 아침마다 반드시 해변을 산책합니다. 웬만하면 변하지 않는 습관이죠. 하지만 중요한 고객을 위한 대규모 강연 일정이 잡힌다면 타협할 여지도 있습니다. 어쩌다 한 번 있는 일이니 괜찮은 것이죠. 하지만 늘상 하는 고객과의 상담은 오전 10시 이전에 절대 약속을 잡지 않습니다. 첫 고객을 만나기 전에 저만의 시간을 확보해야 하기 때문이죠. 바로 이런 것이 제게는 협상 불가능한 사안입니다. 코칭은 주중에 매일 하는 일이며 경계를 제대로 지키지 않으면 일상의 루틴이 금세 와해되기 때문이죠.

협상 불가능한 사안에 대해서는 의지를 갖고 경계를 지켜야 합니다. 당신이 세워둔 경계 안으로 누군가 함부로 들어올 때 어떻게 대처할지 실천 계획을 미리 준비하세요. 자신의 경계가 존중받지 못한다고 느낄 때, 무례하지 않으면서도 단호하게 신호를 보내는 방법을 다양하게 검토하기 바랍니다. 한 가지 다행스러운 점은, 이 세상에 악의적으로 우리의 경계를 침범하는 사람은 거의 없다는 점입니다. 단지 그 행동이 상대에게 어떤 영향을 미치는지 모를 뿐이죠. 그러니 너무 겁먹지 말고 그들에게 당신의 상황을 설명해주세요.

부록 2

나만의 강점 순위를 매겨주는 'VIA 서베이' 활용 방법

[서베이 진행]

VIA 서베이가 찾아주는 개인의 강점은 총 24가지입니다. 이는 다음과 같이 크게 여섯 가지 가치로 구분됩니다.

- 지혜: 창의력, 호기심, 학구열, 통찰
- 용기: 용기, 감사, 정직, 열정
- 인간성: 사랑, 친절, 사회성, 자비
- 협력: 협력, 리더십, 공정성, 판단력

- 절제력: 자제력, 겸손, 인내, 신중
- 정신력: 심미안, 희망, 유머, 영성

웹사이트(viacharacter.org)에서 누구나 무료로 검사를 할 수 있으며, 총 96개의 질문에 답하면 간편하게 결과를 확인할 수 있습니다(한국어 지원 가능).

[결과 해석]

VIA 서베이 결과가 스스로 느끼는 자신과 다르다면?

실제 VIA 서베이 결과보다 더 중요한 것은 그 결과에 대한 당신의 해석과 인식입니다. 서베이 결과는 지금 당신이 처한 상황에 큰 영향을 받기 때문에 실제 당신이 느끼는 자신의 모습과 차이가 있을 수 있습니다. 다르다고 느끼는 것이 무엇인가요? 평소 강점이라고 생각했던 자질은 무엇인가요? 이에 대해 솔직하고 진지하게 생각해보세요. 그런 다음 동료와 친구, 가족에게 이 결과를 그대로 알려준 뒤 실제 당신의 모습과 얼마나 다른지 물어보세요. 그래도 서베이 결과가 틀렸나요? 혹은 타인은 이미 알고 있었지만 당신만 몰랐던 당신의 강점이 존재하나요?

[결과 적용]

어떤 강점을 집중적으로 육성해야 할까요?

과거에는 상위 5개 강점(1~5번)에 집중할 것을 권했습니다. 남들보다 압도적으로 뛰어난 자질에 더욱 많은 시간과 노력을 투자하는 것이 경쟁 우위를 점할 수 있는 지름길이기 때문입니다. 그러나 최근에는 좀 더 균형감 있는 접근법을 조언합니다. 다양한 상황에 적응할 수 있도록 중위 14개 강점(6~19번)에 고루 집중해야 한다고 말이죠. 상위 강점들은 이미 충분히 숙달되어 있기 때문에, 당신의 경쟁력을 극대화할 또 다른 강점을 개발하기 위해선 중간 수준의 강점을 미리 개발해두어야 합니다. 강점을 개발할 때는 늘 세 가지를 염두에 두어야 합니다.

1. 지금 처한 상황
2. 원하는 결과(목표)
3. 목표를 이루는 데 필요한 에너지의 양

이 세 가지를 늘 기억하며 현실적인 '강점 개발 계획'을 세우기 바랍니다.

특정 강점을 상위로 끌어올리려면 어떻게 해야 할까요?

하위 5개 강점(20~24번)을 상위로 끌어올리려면 직접적으로 그 자질을 개선하거나 개발할 행동을 취하든가, 아니면 그 자질과 관련된 상위 강점과 연계시켜 그 자질이 삶에 좀 더 자연스럽게 반영되도록 조치해야 합니다. 예를 들어 '감사'라는 자질을 더 발달시키기 위해서는 '하루에 한 번 이상 타인에게 고맙다고 인사를 해야 한다'라는 규칙을 세우는 방법으로 직접적인 개선을 이룰 수 있고, '친절'이나 '겸손' 등의 다른 자질과 연결해 '감사한 마음'을 더 자주 느끼게 할 수도 있습니다.

[재검사]

VIA 서베이는 한 번만 하면 되나요?

인간의 성정은 고정적이지 않고, 우리를 둘러싼 환경은 늘 변하기 때문에 가급적 해마다 검사하길 권장합니다. 강점이 매년 바뀔 수 있거든요. 최상위 강점 중 두세 가지는 늘 그대로 남지만 나머지 강점은 당시 처한 상황에 따라 순위가 뒤바뀌기도 합니다. 직장을 옮겼거나 인생의 커다란 일을 겪었다면 VIA 서베이를 통해 앞으로 집중해야 할 올바른 방향을 확인할 수 있을 것입니다.

부록 3

팀원들과 손쉽게 서로의 강점을 파악하는 'RBS 테스트' 활용 방법

내가 지닌 최고의 강점을 어떻게 찾을까요? 'RBS Reflected Best Self 테스트'는 지금까지의 인생에서 가장 좋았던 때를 회고하고 그 속에서 내가 발현했던 강점을 찾아보는 방법입니다. 여기서 가장 중요한 것은 가장 가까이에서 '나'를 객관적으로 바라봐왔던 지인들의 피드백을 참고하는 것입니다. 진정한 강점은 스스로 발견하기가 거의 불가능하기 때문에 제3자의 시선으로 '나'를 객관화하는 작업이 매우 중요합니다. 사람들이 당신을 떠올릴 때 그들이 떠올릴 '강점'은 무엇일까요?

[1단계: 물어보기]

주변 지인 10명에게 이메일이나 SNS를 통해 다음의 두 질문을 전달하세요. 그들에게 지금까지 관찰한 당신의 모습 중 '최고의 모습'을 떠올리며 질문에 답해달라고 요청하세요.

1. 저를 생각할 때 떠오르는 강점 세 가지는 무엇인가요?
2. 저의 강점을 어떤 상황에서 발견하셨나요? 당시 상황을 최대한 자세히 적어주세요.

[2단계: 자료 모으기]

질문을 다 보냈다면 다음과 같이 간단한 표를 만들어 피드백 결과를 정리하세요.

순번	응답자	강점	상황
1	○○○	용기, 자신감, 추진력	…
2	□□□	겸손, 리더십, 용기	…
3	△△△	추진력, 협상, 신중	…

· · ·			

[3단계: 결과 요약하기]

이번에는 구체적인 의미를 추출하기 위해 지인들의 응답 결과를 다음의 기준으로 핵심만 간추려 정리하세요.

가장 많이 나온 피드백은?	
가장 마음에 드는 피드백은?	
지금 내 리더십에 적용할 수 있는 강점은?	
가장 의외였던 강점은?	
나는 강점이라고 생각했는데 아무도 언급해주지 않은 강점은?	

[4단계: 정리해보기]

응답 결과를 토대로 '지금의 나'를 정의하는 단계입니다. 지인들의 평가를 바탕으로 당신의 현재 수준을 객관적으로 평가하고, 부족한 점이 있다면 개선 방안을 찾아보세요.

그래서 나는 ______________________ 는(은) 사람이며,

______________________ 점이 부족하며,

따라서 앞으로 __________________ 에 더 집중해야 한다.

LLAW 코칭 서클 프로그램 운영 가이드

'공감이 이끄는 조직'을 구현하기 위한 첫 번째 과제는 조직의 모든 구성원이 '평가'나 '보복'에 대한 두려움 없이 공개적으로 대화할 수 있는 안전한 공간을 만드는 것입니다. 당신의 조직은 오직 남성만 발언하는 '남자만 존재하는 기업'입니까? 구성원들이 자신의 성별 때문에 중요한 발언을 꾹 참고, 전혀 생산적이지 않은 아이디어에 억지로 동의해 쓸모없는 정책이 채택되고 있진 않습니까? 여성이든 남성이든 누구나 아이디어를 내놓을 수 있고 서로의 의견을 경청한 뒤 진실한 피드백을 주고받을 수 있는 '공감 조직'입니까? 아직 아니라면 그러한 조직이 되기 위해 구체적으로 어떤 노력을 하고 있습니까? 만약 이 질문에 적절한 답을 찾지 못한다면 LLAW가 제안하는 '코칭 서클' 프로그램을 도입할 것을 권합니다.

[1단계: 코치 선발하기]

1. 코치가 되기 위한 자격이나 준비물은 없습니다. 코치라고 해서 모든 것을 완벽히 알고 있을 필요는 없죠. 다만, 여성들의 이야기에 충분히 공감하고 다양한 아이디어를 제시할 수 있는 감수성이 반드시 필요합니다. 그들과의 여정을 진솔하게 함께하려는 자세가 가장 중요합니다. 그리고 이러한 코칭 서클을 진행하는 것이 궁극적으로 조직의 공감 능력을 향상시켜 '자신감 있는 조직'을 만드는 데 결정적으로 기여할 것이라는 믿음을 갖고 있어야 합니다. 그래야만 코칭 서클이 단발적 행사에 그치지 않고 꾸준히 지속될 수 있습니다.

2. 프로그램 코치는 언제 어디서든 "아주 좋은 질문입니다만 전 그 답을 모릅니다"라고 말해도 됩니다. 세계적인 권위자들도 모르는 건 모른다고 대답합니다. 모르는 것에 대해 솔직하게 모른다고 답할 수 있는 사람을 코치로 선발하십시오. 서클 진행 도중 전문가의 도움이 필요한 이슈가 거론된다면 서클이 끝난 뒤

에 다시 논의하자고 친절하게 안내하면 됩니다.

3. 코치를 선발하였다면, 서클을 이끄는 코치 역시 참석자들과 똑같은 위치에 있는 사람이라고 생각하세요. 그리고 서클이라는 공간을 존중하세요. 코치에게 모든 권한을 맡기고 그저 믿고 응원해주세요.

[2단계: 참여자 선발하기]

1. 코칭 서클에는 10~20명의 여성이 참여하는 것이 이상적입니다. 사정이 생겨 일부가 참석할 수 없는 상황이 벌어져도 코칭 서클을 진행할 수 있습니다. 게다가 적당히 적은 인원이라 모든 사람이 충분히 발언할 수 있고 경청할 수 있습니다. 하지만 조직의 상황에 따라 10명 미만이나 20명 이상으로 서클을 진행해도 괜찮습니다.

2. 경력과 연령이 비슷한 여성들로 서클을 구성하면 더 많은 이야기가 자유롭게 오갈 수 있습니다. 반대로 경력과 연령이 서로 전혀 다른 사람들이 모이면 자연스럽게 서로의 경험과 지혜를 주고받게 됩니다. 여성들이 서로의 내밀한 고민과 상처를 공유하고 껴안을 수 있는 안전한 공간이라면 구성 방식은 중요한 변수가 되지 않습니다.

3. 코칭 서클은 온라인으로도 진행할 수 있습니다. 여성들은 서로를 대면하지 않아도 되는 환경에서 오히려 더 열린 자세로 대화에 참여하였습니다. 게다가 '익명성' 역시 솔직한 대화에 큰 도움을 줬습니다. 그러나 '화상 회의 방식'은 권하지 않습니다. 여성들은 서로 얼굴을 마주보고는 있지만 같은 곳에 함께 있다고는 느끼지 못했다고 고백했습니다. 그래서 안전감을 느끼지 못했고, 속에 있는 이야기를 충분히 털어놓지 못했다고 아쉬움을 남겼습니다.

[3단계: 모임 장소, 날짜, 주기 정하기]

1. 안심하고 모일 수 있는 '안전한 공간'이 필요합니다. 서로 마주하는 모임이라면 잠금 장치가 있는 회의실이나 회사 근처의 카페가 좋습니다. 전화로 진행한다면 보안을 보장할 수 있는 전문 프로그램을 활용해야 합니다. 가장 중요한 것은 참여자들에게 '이곳은 누군가 엿듣거나 방해할 수 없는 곳이야'라는 안전감을 심어주는 것입니다.

2. 날짜는 모든 구성원에게 부담이 없는 시간대로 정하는 것이 좋습니다. 코칭 서클은 보통 45~60분간 진행합니다. 점심 식사 겸 진행하는 것이 가장 좋습니다. 각자 음식을 가져와도 좋고,

예산이 충분하다면 회사가 식사를 제공하여 서클에 참여를 유도하는 것도 좋습니다.

3. 격주 1회 혹은 한 달에 한 번씩 모이는 것을 권장합니다. 그러나 가장 좋은 것은 참여하는 여성들이 스스로 가장 적절한 주기를 정하는 것입니다.

[4단계: 참여자 초대하기]

1. 장소와 날짜를 정했으면 이제 코칭 서클에 참여할 여성들을 섭외하고 초대 이메일을 보냅니다. 코칭 서클이 무엇인지 잘 모르는 사람이 많기 때문에 간단한 설명을 첨부해주세요.

> 코칭 서클에 오신 것을 환영합니다. 이 프로그램은 조직 내 여성들이 주체적으로 자신의 능력을 개발해 진정한 자신감을 얻고 업무 현장에서 성공적인 리더십을 발휘하도록 돕는 소중한 첫걸음이 될 것입니다. 원하신다면 앞으로 진행될 코칭 서클에서 선배 여성들에게 지속적인 커리어 관리를 받을 수 있습니다. 코칭 서클이란, 뜻을 함께하는 직장 내 여성 동료끼리 함께 모여 일과 삶의 고충을 나누고 대안을 모색하는 안전한 공간을 뜻합니다. 부담 없이 참석하셔서 커리어의 새로운 국면을 스스로 설계해보세요.

2. 진행을 담당할 코치의 세부 인적 사항을 꼼꼼하게 적어 알려줘야 합니다. 참석자들의 질문을 응대할 실무자의 연락처도 반드시 적어주세요.

[5단계: 코칭 서클 시작하기]

1. 코칭 서클은 우리 책의 본문 내용을 바탕으로 이론과 실습을 병행하면 됩니다. 거짓된 고정관념에서 벗어나고, 자신감을 회복하고, 퍼스널브랜딩 계획을 세우고, 일을 더 잘할 수 있는 방법을 탐구하고, 자신의 몸과 일상을 단단하게 단련하는 순서로 진행합니다. 혹은 이 중에서 한 가지 주제를 골라 집중적으로 코칭할 수도 있습니다. 중요한 것은 일방적으로 내용을 주입하는 것이 아니라, 여성들이 직접 자신의 목표와 계획을 문서로 함께 작성해야 한다는 것입니다(우리 책의 '체크 포인트'를 그대로 출력해서 배부해도 좋습니다). 참석자들은 각자 작성한 계획서를 돌려 읽으면서 서로에 대해 더 잘 이해하게 될 것입니다.

2. 모든 코칭 세션은 반드시 참여자들이 안심할 수 있는 분위기로 시작하십시오. 모임이 시작될 때 직급과 나이에 상관없이 서로를 존중해야 하고 서클에서 말한 내용은 외부에 절대 유출되지 않는다는 점을 반드시 언급하세요. 이곳에 참석한 모든 여성

은 극도로 예민한 상태일 확률이 높습니다. 코치로서 당신의 목소리, 몸짓, 태도가 참석자들에게 어떻게 전달될지 세심하게 고려해주세요. 이 공간에서는 그 어떤 질문도 어리석지 않으며, 어느 누구라도 원하는 만큼 질문할 수 있다는 사실도 분명히 알려주세요.

3. 충분히 안전한 분위기를 조성했다면 이어서 회의의 주제와 오늘의 목표, 각자의 과제를 다시 알려주세요. 본격적인 코칭 직전에 오늘 나눌 이야기가 무엇인지 한 번 더 상기시키면 집중도가 크게 올라갑니다.

[6단계: 코칭 서클 진행하기]

1. 첫 질문은 구성원 간의 긴장을 푸는 목적으로 던져야 합니다. 처음부터 무겁고 진지한 이야기를 하는 것보다는, 누구나 대답할 수 있고 무난한 내용으로 시작하는 것이 좋습니다. 그런 다음 자연스럽게 옆 사람과 대화를 나누도록 질문을 던집니다. 이렇게 하면 회의실 안에 긍정적인 분위기와 신뢰가 형성됩니다. "이번 주에 일어난 일 중 가장 반가웠던 일은 무엇인가요", "요즘 취미로 삼고 있는 것은 무엇인가요"와 같은 일반적이고 긍정적인 질문을 던지는 것도 효과가 좋습니다.

2. 참석자들을 임의로 나눠 조를 짓게 해서 좀 더 깊은 대화를 나눌 수 있도록 조치합니다. 세 가지 정도의 질문을 각 조에 부여한 뒤 20~30분간 그 주제에 관해 대화를 나누게 하세요.

3. 코칭 중에는 침묵이 자주 발생할 수 있다는 사실도 미리 알고 있어야 합니다. 그런 상황을 문제로 삼지 말고, 참여자들이 방금 나온 질문과 대답을 이해하려고 고민하고 성찰하는 중이라고 여기세요.

4. 모든 참여자가 말할 기회를 갖도록 도와주세요. 이전 세션에서 별로 발언할 기회가 없던 구성원이 있다면, 답변을 고민하는 중이라는 뜻일 겁니다. 이런 참석자가 누구인지 세심하게 관찰한 뒤 조심스럽게 발언을 유도하세요. 이들의 질문이나 답변이 대화의 흐름에 활력을 부여하는 경우가 종종 있습니다.

[7단계: 코칭 서클 마무리하기]

1. 세션 중에 시간을 주의 깊게 확인하세요. 종료 10분 전에 각자 돌아가며 한마디씩 나누는 시간을 가지세요. 코칭 서클이 끝나고 나면, 참석자들이 이날 듣고 배운 것을 바탕으로 이후 48시간 동안 어떻게 행동할지 상상해보세요. 그들이 제출한 계획서에 코치로서 제안할 수 있는 내용을 적어 가급적 빨리 되돌

려주세요. 모든 것을 한꺼번에 바꾸려고 하지 말고, 참석자들이 다만 한 가지라도 실천하고 변화할 수 있도록 격려해주세요.

2. 코칭 서클 종료 후 12시간 안에 참여해준 분들에게 감사 인사를 전하세요. 다음 세션 일정과 주제를 상기시킨 후 지속적으로 참여할 수 있도록 관리해주세요. 첫 코칭 서클 종료 후 다음 세션에 참여하는 여성은 끝까지 여정을 함께할 확률이 그렇지 않은 여성에 비해 몇 배는 더 높습니다. 그러니 여성들이 두 번째 모임에 재참석할 수 있도록 꾸준히 관심을 기울이는 것이 관건입니다.

3. 코칭 서클이 종료된 후 몇 분 정도 시간을 갖고 이번 모임에서 잘 진행된 부분은 무엇인지, 다음 모임에서 이어갈 점은 무엇인지, 혹시 미진했던 부분이 있다면 접근 방식을 어떻게 바꿔야 할지 생각해보세요. 이때 적은 메모를 다음 코칭 서클 1~2시간 전에 다시 확인하는 것도 좋습니다.

4. '공감이 이끄는 조직'을 구현하는 데 가장 핵심적인 사항은 코칭 서클이 종료된 후에도 참석자들이 서로 관계를 이어나가는 것입니다. 혹 부서가 달라 근무지가 다르다면 스마트폰이나 SNS를 통해 코칭 서클을 지속할 수도 있습니다. 실제로 LLAW에서도 온라인 코칭을 적극적으로 도입해 활용하고 있습니다.

감사의 글

우리가 진행하는 프로그램, 워크숍, 코칭에 참여해 우리를 믿고 우리의 안내를 따라준 모든 놀라운 여성들에게 감사한다. 모르는 사람들 앞에 자신의 취약성을 드러내는 일은 쉬운 일이 아니다. 우리는 흰색 종이 위에 글자만 새겼을 뿐, 이 책에 담긴 모든 위대한 정신은 용기 있는 그들의 것이다. 전 세계에서 활발히 진행되고 있는 뇌과학과 심리학 분야의 중요한 연구가 없었다면 이 책을 완성할 수 없었을 것이다. 특히 LLAW의 개념과 이론을 보강하는 데 결정적 단서를 제공해준 탁월한 여성 연구자들의 탐구에 고개 숙여 감사를 전한다. 남성이 주도하는 학계에서 여성 연구자들이 주목을 받는 것이 얼마나 어려운 일인지 우리도 체감해 잘 알기 때문이다. 브레네 브라운, 에이미 커디, 캐럴 드웩, 크리스틴 네프, 앤절라 더크워스, 켈리 맥고니걸은 우리와 LLAW 여정을 함께 설계해준 동반자나 다름이 없다.

미셸이 전하는 감사의 글

모든 행복한 사람 뒤에는 그를 진정으로 지지하는 멋진 팀이 있다. 내가 염원하던 꿈을 현실로 이뤄준 레이첼, 밀리칩, 저드, 테일러, 데비에게 감사한다. 아름다운 말을 나눠준 나오미에게 감사한다. 정신적으로 힘들 때 내 어깨를 꽉 잡아준 브래셔, 앤드루, 피터, 도넬리에게 고마운 마음을 전한다. 특히 자신들의 이론을 사용하는 데 흔쾌히 허락해준 마틴 셀리그만, 데이비드 쿠퍼라이더의 관대한 미소가 없었다면 나는 지금 이 자리에 있지 못했을 것이다. 이 책의 집필을 끝내고 함께 더 많이 놀 수 있을 때까지 인내심을 갖고 기다려준 친구들과 가족들에게 감사한다. 마지막으로 나의 가장 친한 친구이자 파트너, 그리고 끊임없는 영감의 원천인 메건에게 감사한다. 메건, 당신의 용기와 사랑 덕분에 이 책이 나올 수 있었어. 이 책의 표지에 내 이름이 메건의 이름과 나란히 쓰였다는 사실이 가장 큰 축복이다.

메건이 전하는 감사의 글

장벽을 허물고 여성을 위한 새로운 패러다임을 구축한 모든 동지에게 가장 깊이 감사한다. 여성성의 놀라운 기적과 가능성을 존재 자체로 입증하고 있는 서머스, 울프, 스타이넘, 우드먼, 머독, 클라리사, 볼린, 샌드버그에게 감사한다. 언제나 내가 가는 길 위에 선명한 빛을 밝혀주는 동료 매리언에게 영원히 감사한다. 나의 멋진 팀 케이틀린, 밀리칩, 니키와 내 오른손 같은 사람이자 기적을 낳는 일꾼인 사만다에게 감사한다. 내 주변에는 유독 여신 같은 능력을 지닌 여성이 참 많다. 타렌, 루시, 시몬, 샐리, 미셸, 리렌, 루이스, 저스틴, 에이브릴, 클레어, 이지, 줄리, 리사, 자넬, 마릴린, 낸시, 바네사와 오늘의 기쁨을 나누고 싶다. 그리고 내 영혼의 자매이자 선생님인 미셸. 미셸은 내게 무엇이 가능한지를 알려주고, 이 세상에 불가능한 일 따위는 결코 없다는 사실을 일깨워줬다. 우리는 앞으로도 두 손을 꼭 잡고 세상의 모든 조직이 여성성을 온전히 받아들이는 임무를 완수하는 날까지 멈추지 않을 것이다.

미주

1장

1. McKinsey(2015), *The Power of Parity: ow Advancing Women's Equality Can Add $12 Trillion To Global Growth*, Retrieved from: http://www.mckinsey.com/global-themes/employment-and-growth/how-advancing-womens-equality-can-add-12-trillion-to-global-growth.
2. McKinsey(2010), Women at the top of corporations: Making it happen, *McKinsey and Company*; McKinsey(2012), McKinsey Quarterly: Is there a payoff from top team diversity?, *McKinsey and Company*; Catalyst(2011), Why diversity matters, *Catalyst*; Carter, N. M., Wagner, H. M.(2011), The bottom line: Corporate performance and women's representation on boards 2004-2008, *Catalyst*; WGEA, (2013), The business case for gender quality, *Workplace Gender Equality Agency*.
3. Catalyst Information Center(2013), Why diversity matters, *Catalyst*, Retrieved from: http://www.catalyst.org/system/files/why_diversity_matters_catalyst_0.pdf.

4. Barton, D., Devillard, S., Hazelwood, J.(2015), Gender equality: Taking stock of where we are, *McKindsey Quarterly,* Retrieved from: http://www.mckinsey.com/business-functions/organization/our-insights/gender-equality-taking-stock-of-where-we-are.

5. Catalyst(2015), Women Ceos of the S&P 500, Retrieved from: http://www.catalyst.org/knowledge/women-ceos-sp-500; Pew Research Centre(2015), Number of women leaders around the world has grown, but they're still a small group, Retrieved from: http://www.pewresearch.org/fact-tank/2015/07/30/about-one-in-ten-of-todays-world-leaders-are-women/; Australian Government(2015), *Australia's Gender Equity Scorecard*, Retrieved from: https://www.wgea.gov.au/sites/default/files/2014-15-WGEA_SCORECARD.pdf; Rankin, J.(2015), Fewer women leading FTSE firms than men called John, *The Guardian*, Retrieved from: http://www.theguardian.com/business/2015/mar/06/johns-davids-and-ians-outnumber- female-chief-executives-in-ftse-100.

6. Waller, N., Lublin, J. S.(2015), What's holding women back in the workplace? *Wall Street Journal*, Retrieved from: http://www.wsj.com/articles/whats-holding-women-back-in-the-workplace-1443600242?mg=id-wsj; Kahn, N.(2015), New data explains Why you can't get that promotion, *Elle,* Retrieved from: http://www.elle.com/culture/career-politics/news/a30922/women-in-the-workplace-study-promotion/.

7. Centre for Talent and Innovation(2014), *Women want 5 things*,

Retrieved from: http://www.talentinnovation.org/_private/assets/WomenWant%20 FiveThings_ExecSumm-CTI.pdf.

8. Marketwired(2014), Study finds women misunderstand what power affords, *Reuters*, Retrieved from: http://www.reuters.com/article/idUSnMKWNYswSa+1f2+M KW20141209.

9. Wellington, S., Kropf, M. B., Gerkovich, P. R.(2003), What's holding women back, *Harvard Business Review*, Retrieved from: https://hbr.org/2003/06/whats-holding-women-back.

10. Pew Research Centre(2014), *Women and leadership*, Retrieved from: http://www.pewsocialtrends.org/2015/01/14/women-and-leadership/.

11. E. W.(2015), What's Holding Women Back?, *The Economist*, Retrieved from: http://www.economist.com/blogs/democracyinamerica/2015/01/women-and-work.

12. Sandberg, S.(2015), When talking about bias backfires, *The New York Times*, Retrieved from: http://www.nytimes.com/2014/12/07/opinion/sunday/adam-grant-and-sheryl-sandberg-on-discrimination-at-work.html?_r=0.

13. Stocking, B.(2015), What holds women back in the workplace?, *The Guardian*, Retrieved from: http://www.theguardian.com/sustainable-business/womens-blog/2015/jan/13/workplace-fails-women.

14. Wolf, A.(2013), Elite female professionals hold back other women, *Time*, Retrieved from: http://ideas.time.com/2013/10/02/elite-female-professionals-hold-back-other-women/?iid=sr-link5.

15. Bohnet, I.(2015), Real fixes for workplace bias, *The Wall Street Journal*, Retrieved from: http://www.wsj.com/articles/real-fixes-for-workplace-bias-1457713338?cb=logged0.681038255803287.

16. Catalyst(2015), *Legislative board diversity*, Retrieved from: http://www.catalyst.org/legislative-board-diversity.

17. Davidson, L.(2015), Proof that women in boardrooms quotas work, *The Telegraph*, Retrieved from: http://www.telegraph.co.uk/finance/newsbysector/banksandfinance/11341816/Proof-that-women-in-boardrooms-quotas-work.html.

18. BBC(2014), Germany agrees law on quotas for women on company boards, *BBC*, Retrieved from: http://www.bbc.com/news/business-30208400.

19. Weisul, K.(2014), Women on boards: Are quotas really the answer?, *Fortune*, Retrieved from: http://fortune.com/2014/12/05/women-on-boards-quotas.

20. Feintzeig, R.(2015), More companies say targets are the key to diversity, *The Wall Street Journal*, Retrieved from: http://www.wsj.com/articles/more-companies-say-targets-are-the-key-to-diversity-1443600464.

21. Sandberg, S.(2015), When women get stuck, corporate America gets stuck, *Wall Street Journal*, Retrieved from: http://www.wsj.com/articles/sheryl-sandberg-when-women-get-stuck-corporate-america-gets-stuck-1443600325.

22. Cooperrider, D., Whitney, D. D.(2005), *Appreciative inquiry: A positive revolution in change*, Berrett-Koehler Publishers.

23. Ford, M.(2015), A Canadian cabinet for 2015, *The Atlantic*, Retrieved from: http://www.theatlantic.com/international/archive/2015/11/canada-cabinet-trudeau/414280/.

24. Stevenson, A.(2016), A push for gender equity at the Davos World Economic Forum and beyond, *The New York Times*, Retrieved from: http://www.nytimes.com/2016/01/20/business/dealbook/a-push-for-gender-equality-at-the-world-economic-forum-and-beyond.html.

25. Broderick, E.(2014), In defence of the male champions of change, *Women's Agenda*, Retrieved from: http://www.womensagenda.com.au/talking-about/top-stories/item/4953-in-defence-of-the-male-champions-of-change.

26. Rusk, R. D., Waters, L. E.(2013), Tracing the size, reach, impact, and breadth of positive psychology, *The Journal of Positive Psychology*, 8(3), 207-221.

27. World Economic Forum(2015), *Global Gender Gap Report 2015*, Retrieved from: https://www.weforum.org/reports/global-gender-gap-report-2015/.

28. Cooperrider, Goodwin(2015), Elevation-and-change: An eight-step platform for leading P.O.S.I.T.I.V.E. change, *AI Practitioner*, Retrieved from: http://www.aipractitioner.com/elevation-and-change-an-eight-step-platform-for-leading-p-o-s-i-t-i-v-e-change.

29. Tabrizi, B.(2014), The key to change is middle management, *Harvard Business Review*, Retrieved from: https://hbr.org/2014/10/the-key-to-change-is-middle-management.

30. Gurdjian, P., Halbeisen, T., Lane, K.(2014), Why leadership development programs fail, *McKinsey Quartely*.

31. Sanders, M., Hrdlicka, J., Hellicar, M., Cottrell. D., Knox, J.(2011), What stops women from reaching the top? Confronting the tough issues, *Bain & Company*, Retrieved from: http://www.bain.com/offices/australia/en_us/publications/what-stops-women-from-reaching-the-top.aspx.

2장

1. Fisk, S., Cuddy, A., Glick, P., Warmth and competence as universal dimensions of social perception: The stereotype content model and the BIAS map, *Advances in Experimental Social Psychology 40*, Edited by Zanna.

2. Crum, A. J., Langer, E. J.(2007), Mind-set matters: Exercise and the placebo effect, *Psychological Science*, 18, no.2, 165-171.

3. Kenthirarajah, D., Walton, G. M.(2015), How brief social-psychological interventions can cause enduring effects, In R. Scott, S. Kosslyn(Eds.), *Emerging trends in the social and behavioral sciences*, Hoboken, NJ: John Wiley and Sons.

4. Gerzema, J., D'Antonio, M.(2013), *The Athena Doctrine: How women and the men who think like them will rule the future*, John Wiley and Sons.

5. World Economic Forum(2014), *Outlook on the global agenda*

2014, Retrieved from: http://reports.weforum.org/outlook-14/top-ten-trends-category-page/7-a-lack-of-values-in-leadership/.

6. World Economic Forum(2015), *Outlook on the global agenda 2015*, Retrieved from: http://reports.weforum.org/outlook-global-agenda-2015/top-10-trends-of-2015/.
7. Gerzema, J., D'Antonio, M.(2010), *Spend Shift: How the post crisis values revolution is changing the way we buy, sell, and live*, Jossey-Bass.
8. Rigoglioso, M.(2011), Researchers: How women can succeed in the workplace, *Stanford Business School*, Retrieved from: https://www.gsb.stanford.edu/insights/researchers-how-women-can-succeed-workplace.

3장

1. Institute of Leadership&Management(2011), *Ambition and gender at work*, Retrieved from: https://www.i-l-m.com/~/media/ILM%20Website/Downloads/Insight/Reports_from_ILM_website/ILM_Ambition_and_Gender_report_0211%20pdf.ashx.
2. Babcock, L.(2003), Nice girls don't ask, *Harvard Business Review*, 10.
3. Lee, H. L., Billington, C.(1995), The evolution of supply-chain-management models and practice at Hewlett Packard,

Interfaces, 25, No.5, 42-63.

4. Amen, D. G.(2013), *Unleash the Power of the Female Brain: Supercharging Yours for Better Health, Energy, Mood, Focus, and Sex*, Harmony.
5. Brizendine, L.(2006), *The female brain*, Random House LLC.
6. Dweck, C.(2012), *Mindset: How you can fulfil your potential*, Hachette UK.
7. Kay, K., Shipman, C.(2014), The confidence gap, *The Atlantic*, 14.
8. Irick, E.(2012), NCAA Sponsorship and Participation Rates Report 1981 – 1982 – 2010 – 2011, *National Collegiate Athletics Association*, 69.
9. Glass, A.(2012), Title IX At 40: Where Would Women Be Without Sports?, *Forbes*, Retrieved from: http://www.forbes.com/sites/sportsmoney/2012/05/23/title-ix-at-40-where-would-women-be-without-sports/.
10. Roehling, M. V.(1999), Weight-based discrimination in employment: psychological and legal aspects, *Personnel Psychology*, 52(4), 969-1016.
11. Reel, J. J.(2013), Dove campaign for real beauty, *Eating Disorders: An Encyclopedia of Causes, Treatment and Prevention*, Greenwood Publishing Group.
12. Estes, Z.(2003), Attributive and relational processes in nominal combination, *Journal of Memory and Language*, 48(2), 304-319.
13. Sandberg, S.(2013), *Lean in: Women, work, and the will to lead*(First edition), Alfred A. Knopf.
14. McQuaid, M.(2014). Ladies, is a lack of confidence holding

your career back?, *The Huffington Post*, Retrieved from: http://www.huffingtonpost.com/michelle-mcquaid/ladies-is-a-lack-of-confidence-holding-your-career-back_b_5497503.html?ir=Australia.

15. Ericsson, K. A., Krampe, R. T., Tesch-Römer, C.(1993), The role of deliberate practice in the acquisition of expert performance, *Psychological Review*, 100(3), 363-406.

16. Cooperrider, D. L., McQuaid, M.(2012), The Positive Arc of Systemic Strengths: How Appreciative Inquiry and Sustainable Designing Can Bring Out the Best in Human Systems, *Journal of Corporate Citizenship*, 46, 71-102.

17. Hill, J.(2001), *How well do we know our strengths?*, Paper presented at the British Psychological Society Centenary Conference.

18. McQuaid, M., Lawn, E.(2014), *Your strengths blueprint: How to feel engaged, energized & happy at work,* Michelle McQuaid Pty Ltd.

19. gallupstrengthscenter.com

20. viainstitute.org

21. Reivich, K., Shatté, A.(2002), *The resilience factor: 7 essential skills for overcoming life's inevitable obstacles*, Broadway Books.

22. DeVore, R.(2013), Analysis of gender differences in self-statements and mood disorders, *McNair Scholars Research Journal*, 9, 7.

23. Zimmermann, M.(1986), Neurophysiology of sensory systems, *In Fundamentals of sensory physiology*, Springer Berlin Heidelberg.

24. Dweck, C.(2006), *Mindset: The new psychology of success*, Random House.

4장

1. Niemiec, C. P., Ryan, R. M., Deci, E. L.(2009), The path taken: Consequences of attaining intrinsic and extrinsic aspirations in post-college life, *Journal of Research in Personality*, 73(3), 291–306, Retrieved from: http://doi.org/10.1016/j.jrp.2008.09.001.
2. Wrzesniewski, A., McCauley, C. R., Rozin, P., Schwartz, B.(1997), Jobs, careers, and callings: People's relations to their work, *Journal of Research in Personality*, 31, 21–33.
3. 미셸의 문장은 이것이다. "나는 나의 호기심과 창의력을 활용해 우리 두뇌가 어떻게 작동하는지를 연구한다. 직장 내 사람들에게 꾸준히 번영하며 가장 최선의 모습을 보이는 방법을 가르치기 위해서다." 메건의 문장은 이것이다. "리더십과 일 간의 관계 및 여성을 향한 열정을 지닌 것으로 알려진 나는 여성들이 힘을 얻어 조직에 긍정적인 변화를 일으키는 것을 돕는다."
4. Neal, S., Boatman, J., Miller, L., *Women as mentors: Does she or doesn't she? A global study of businesswomen and mentoring*, DDI Media.
5. Grant, A.(2013), *Give and take:A revolutionary approach to success.*, Hachette UK.
6. Grant, A.(2013), *Give and take:A revolutionary approach to success*, Hachette UK.

5장

1. Duckworth, A. L., Peterson, C., Matthews, M. D., Kelly, D. R.(2007), Grit: Perseverance and passion for long- term goals, *Journal of Personality and Social Psychology*, 92(6), 1087- 1101.
2. Nietzsche, F., Hollingdale, R. J.(1996), *Nietzsche: Human, all too human: A book for free spirits*, Cambridge University Press.
3. Ericsson, K. A., Krampe, R. T., Tesch-Römer, C.(1993), The role of deliberate practice in the acquisition of expert performance, *Psychological review*, 100(3), 363; Ericsson, K. A., Charness, N., Feltovich, P. J., Hoffman, R. R.(Eds.)(2006), *The Cambridge handbook of expertise and expert performance*, Cambridge University Press.
4. Csikszentmihalyi, M.(2000), *Beyond boredom and anxiety*, Jossey-Bass.
5. Ericsson, K. A., Krampe, R. T., Tesch-Römer, C.(1993), The role of deliberate practice in the acquisition of expert performance, *Psychological review*, 100(3), 363; Johnson, W.(2015), *Disrupt yourself: putting the power of disruptive innovation to work*, Bibliomotion, Inc.
6. McGonigal, K.(2015), *The upside of stress: Why stress is good for you, and how to get good at it*, Penguin.
7. Neal, D. T., Wood, W., Quinn, J. M.(2006), Habits—A repeat performance, *Current Directions in Psychological Science*, 15(4), 198-202.
8. Graybiel, A. M.(1998), The basal ganglia and chunking of

action repertoires, *Neurobiology of learning and memory*, 70(1), 119-136.

9. Loehr, J., Loehr, J. E., Schwartz, T.(2005), *The power of full engagement: Managing energy, not time, is the key to high performance and personal renewal*, Simon and Schuster.

10. Kasser, T., Sheldon, K. M.(2009), Time affluence as a path toward personal happiness and ethical business practice: Empirical evidence from four studies, *Journal of Business Ethics*, 84(2), 243-255.

11. Huffington, A.(2014), *Thrive: The Third Metric to Redefining Success and Creating a Happier Life*, Random House.

12. Jones, M.(2011), How little sleep can you get away with?, *The New York Times*, Retrieved from: http://www.nytimes.com/2011/04/17/magazine/mag-17Sleep-t.html.

13. Manber, R., Bootzin, R. R., Acebo, C., Carskadon, M. A.(1996), The effects of regularizing sleep-wake schedules on daytime sleepiness, *Sleep*, 19(5), 432 - 441.

14. Stuster, J.(2011), *Bold endeavors: Lessons from polar and space exploration*, Naval Institute Press.

15. Schwartz, T.(2011), Sleep is more important than food, *Harvard Business Review*, Retrieved from: https://hbr.org/2011/03/sleep-is-more-important-than-f/; Barker, E.(2015), Get better sleep: 5 powerful new tips from research, *Time Magazine*, Retrieved from: http://time.com/3942487/better-sleep-tips-research/.

16. Friedman, R.(2014), What you eat affects your productivity,

Harvard Business Review, Retrieved from: https://hbr.org/2014/10/what-you-eat-affects-your-productivity/.

17. Hellmich, N.(2012), Take a stand against sitting disease, *USA Today*, Retrieved from: http://www.usatoday.com/news/health/story/2012-07-19/sitting-disease-questions-answers/57016756/1.

18. Rath, T.(2013), *Eat, move, sleep: How small choices lead to big changes*, Missionday.

19. Bravata, D. M., Smith-Spangler, C., Sundaram, V., Gienger, A. L., Lin, N., Lewis, R., Stave, C. D., Olkin, I., Sirard, J. R.(2007), Using pedometers to increase physical activity and improve health: A systematic review, *Journal of the American Medical Association*, 298(19), 2296 – 2304.doi:10.1001/jama.298.19.2296

20. American Heart Association(2015), *American Heart Associations recommended physical activity in Adults*, Retrieved from: http://www.heart.org/HEARTORG/GettingHealthy/PhysicalActivity/FitnessBasics/American-Heart-Association-Recommendations-for-Physical-Activity-in-Adults_UCM_307976_Article.jsp#.VkqwPoRWj8k.

21. Tan, C. M.(2012), *Search inside yourself: increase productivity, creativity and happiness*, HarperCollins.

옮긴이 문수혜

한국외국어대학교 통번역대학원 한불과와 파리제3대학을 졸업한 후 현재 출판번역에이전시 글로하나에서 영어와 프랑스어 번역가로 외서 번역과 검토에 힘쓰고 있다.《르몽드디플로마티크》 한국어판 번역위원 및 프로듀싱 DJ로도 활동하며 패션 브랜드 아프루이카(AFRU-IKA) 대표를 맡고 있다.『별난 기업으로 지역을 살린 아르들렌 사람들』과 다수의 동화책을 번역했다.

공감이 이끄는 조직

초판 1쇄 인쇄 2020년 7월 1일
초판 1쇄 발행 2020년 7월 8일

지은이 메건 댈러커미나, 미셸 매퀘이드
옮긴이 문수혜
감수 오승민
펴낸이 김선식

경영총괄 김은영
책임편집 성기병 **디자인** 윤유정 **크로스교정** 조세현, 문주연 **책임마케터** 권장규
콘텐츠개발1팀장 임보윤 **콘텐츠개발1팀** 윤유정, 한다혜, 성기병, 문주연
마케팅본부장 이주화
채널마케팅팀 최혜령, 권장규, 이고은, 박태준, 박지수, 기명리
미디어홍보팀 정명찬, 최두영, 허지호, 김은지, 박재연, 배시영
저작권팀 한승빈, 이시은
경영관리본부 허대우, 하미선, 박상민, 김형준, 윤이경, 권송이, 김재경, 최완규, 이우철

펴낸곳 다산북스 **출판등록** 2005년 12월 23일 제313-2005-00277호
주소 경기도 파주시 회동길 357, 3층
전화 02-702-1724 **팩스** 02-703-2219 **이메일** dasanbooks@dasanbooks.com
홈페이지 www.dasanbooks.com **블로그** blog.naver.com/dasan_books
종이 (주)한솔피엔에스 **출력** 민언프린텍 **후가공** 평창P&G **제본** 정문바이텍

ISBN 979-11-306-3051-9 (03320)

• 이 도서의 국립중앙도서관 출판시도서목록(CIP)은 서지정보유통지원시스템 홈페이지(http://seoji.nl.go.kr)와 국가자료공동목록시스템(http://www.nl.go.kr/kolisnet)에서 이용하실 수 있습니다.(CIP제어번호 : CIP2020026337)